大國擔當

王義桅　著

總策劃

彭國華

顧　問

何毅亭　陳先達　孫正聿　韓慶祥

中共中央黨校常務副校長

何毅亭

　　人民日報出版社圍繞構建中國話語、講好中國故事，策劃出版本系列圖書，是及時的，也是具有重大意義的。

　　二〇一七年十月，中國共產黨召開了十九大，習近平總書記代表中央委員會向大會做報告，在總結黨的十八大以來五年成就的基礎上，宣告中國特色社會主義進入新時代，並且系統闡述了作為黨的指導理論的習近平新時代中國特色社會主義思想。這篇報告，是中國共產黨的政治宣言，也是中國共產黨的行動綱領，更是中國共產黨的經驗總結，是我們構建中國話語、講好中國故事的基本遵循。

　　習近平總書記二〇一六年五月在全國哲學社會科學工作座談會上的講話，集中闡述了構建中國特色哲學社會科學的學科體系、學術體系、話語體系等問題，強調要對當代中國的偉大社會變革進行總結，不僅要讓世界知道「舌尖上的中國」，還要讓世界知道「學術中的中國」「理論中的中國」「哲學社會科學中的中國」，讓世界知道「發展中的中國」「開放中的中國」「為人類文明做貢獻的中國」。這個要求是非常明確、非常具體的。

　　改革開放四十年來，隨著中國經濟社會不斷取得長足發展，國際社

會越來越願意閱讀中國故事，越來越願意傾聽中國聲音，越來越願意學習中國智慧。黨的十八大以來的幾年尤其如此。為什麼？就是因為存在著「西方之亂」和「中國之治」的分野，有志之士都希望一探究竟，都希望瞭解「發展中的中國」「開放中的中國」「為人類文明做貢獻的中國」到底是怎麼回事。

「西方之亂」是一種客觀描述。二〇〇八年國際金融危機爆發以來，西方國家經濟復甦乏力，至今仍然沒有擺脫低迷的窘境。何去何從，以美國為首的西方大國給出的方案是「本國優先」；「逆全球化」蔚然成風；一系列貿易保護主義措施紛紛出臺。與此同時，西方大國社會階層族群分裂、民粹主義抬頭。在應對國際國內突出問題上，西方各國政府普遍力不從心、改革乏力，甚至推卸責任、轉嫁危機。

與「西方之亂」形成鮮明對比的是，黨的十八大以來，以習近平同志為核心的黨中央，舉旗定向、運籌帷幄，統籌推進「五位一體」總體布局，協調推進「四個全面」戰略布局，提出一系列具有開創性意義的新理念新思想新戰略，出臺一系列重大方針政策，推出一系列重大舉措，推進一系列重大工作，解決了許多長期想解決而沒有解決的難題，辦成了許多過去想辦而沒有辦成的大事，著力推進國家治理體系和治理能力現代化，推動黨和國家事業發生深刻的歷史性變革，也為解決人類問題、完善全球治理體系貢獻了中國智慧和中國方案。這就是既造福中國也造福世界的「中國之治」。

正如習近平總書記所要求的，要成功推進並向世界講好「中國之治」，就要積極構建中國話語體系。構建中國話語體系，目的是與中國國際地位的提高相適應，客觀展現中國革命、建設、改革的成果，以理論、經驗和事實向世界提供發展方案，為促進各國共同繁榮貢獻智慧。構建中國話語體系，需要對西方話語體系進行科學辨析、理性批判，有理有據駁斥西方話語體系對中國和其他發展中國家的偏見，切實改變

「西強我弱」的國際輿論格局，消除基於西方中心論的話語對中國形象的歪曲，以事實為依據傳播真實的中國資訊，並推動形成健康的國際輿論氛圍。

本系列圖書，從哲學、歷史、外交、經濟、文化等多個維度，以理性的分析、翔實的資料、雄辯的事實、生動的故事談中國、論世界，是國內外讀者瞭解國際局勢及中國發展道路的重要參考，有利於傳遞中國聲音、塑造中國負責任大國形象，具有較高的理論價值和現實意義，能為構建中國話語體系、增強中國的國際話語權做出有益貢獻。這套叢書的作者，包括韓震、王義桅、辛鳴、陳曙光、蘇長和等，都是中國哲學社會科學領域的知名學者，有的還是很有潛力的青年才俊。他們的研究和建樹，保證了這套叢書的高度、深度和權威性。

我很高興向廣大讀者推薦這套叢書。

未來擔當與擔當未來，再造中國與再造世界

中國的擔當是偉大復興應有之義，也是一個時代命題。

一、中國為何擔當

十九大報告指出，經過長期努力，中國特色社會主義進入了新時代，這是中國發展新的歷史方位。中國特色社會主義進入新時代，意味著近代以來久經磨難的中華民族迎來了從站起來、富起來到強起來的偉大飛躍，迎來了實現中華民族偉大復興的光明前景；意味著科學社會主義在二十一世紀的中國煥發出強大生機活力，在世界上高高舉起了中國特色社會主義偉大旗幟；意味著中國特色社會主義道路、理論、制度、文化不斷發展，拓展了發展中國家走向現代化的途徑，給世界上那些既希望加快發展又希望保持自身獨立性的國家和民族提供了全新選擇，為解決人類問題貢獻了中國智慧和中國方案。報告同時指出，中國共產黨是為中國人民謀幸福的政黨，也是為人類進步事業而奮鬥的政黨。中國共產黨始終把為人類做出新的更大的貢獻作為自己的使命。

這表明，中國與世界的關係發生了近代以來最為深刻的變化。中國的身分從「中國的中國」「亞洲的中國」躍升到「世界的中國」，中國的關注點越來越從「世界的中國」向「中國的世界」轉變；中國共產黨全心全意為人民服務的宗旨，不僅體現在為中國人民謀幸福，為中華民族謀復興，而且正在構建人類命運共同體，建設「持久和平、普遍安全、共同繁榮、開放包容、清潔美麗」的世界。

這同時表明，習近平新時代中國特色社會主義思想彰顯中國外交自信與外交自覺。外交自信就是要大力弘揚中華文化，奉獻處理當代國際關係的中國智慧，推介治國理政的中國經驗，增添完善全球治理的中國方案，從而為人類社會應對二十一世紀的各種新型挑戰提供更多有益的公共產品；外交自覺突出表現在十九大報告明確中國特色大國外交的目標是要推動構建新型國際關係，推動構建人類命運共同體。

章百家先生曾以「改變自己，影響世界」概括二十世紀中國與世界關係的邏輯，今天，中國提出並號召世界共商、共建、共享「一帶一路」，在世界上積極打造對話而不對抗、結伴而不結盟的夥伴關係，進而建立以合作共贏為核心的新型國際關係，在此基礎上，各國共建人類命運共同體，已經成為國際形勢的穩定錨，世界增長的發動機，和平發展的正能量，全球治理的新動力，這一邏輯是否需要修正？最基本的是要回答這些問題：中國模式，如何做到源於中國而屬於世界？人類命運共同體思想對此做出了響亮的回答：世界之中國，天下之擔當。

當人類社會處於一個新起點，世界是朝向開放、包容還是封閉、極端？這是二十一世紀之問。中國特色的大國外交為此提供了中國方案，展示了中國擔當，呈現了中國智慧。

二、中國如何擔當

中國擔當是文明的擔當，是每一個中國人的擔當。中國的擔當超越大國崛起的邏輯，不是取代美國。中國的文化共同體，亦非西式概念的民族國家。中國夢是崛起後的中國交給中國人民與世界人民的答卷，要解答的是現時代社會主義運動的「張載命題」——為天地立心，為生民立命，為往聖繼絕學，為萬世開太平。為天地立心，就是去挖掘中華文明與中國價值的世界意義，探尋人類共同價值體系。為生民立命，就是全面建成小康社會，彰顯中國的人權、國權。為往聖繼絕學，就是實現人類永續發展，各種文明、發展模式相得益彰、美美與共。為萬世開太平，就是推動建立持久和平、共同繁榮的和諧世界，實現全球化時代的「天下大同」。

中國並非西方概念的民族國家，而是文明型國家。當然，中國現代國家建設並未完成。中國夢，既具傳統的民族國家夢色彩，更具文明復興夢本質。

從文明的角度看，中華民族正經歷三大文明轉型：一是要從傳統的農耕文明轉向工業（資訊）文明，二是要從傳統的內陸文明轉向海洋文明，三是要從傳統的地區性文明轉向全球性文明。中國正在通過實現「新四化」實現自身文明轉型，亙古未有。

換言之，實現中華民族偉大復興的中國夢，正開創五千年未有之變局。歷史上，中國從未領導世界——天下體系只是東亞國際體系。如今，中國GDP佔據世界一成，意義卻超過歷史最高峰的三成，因為這是融入全球化體系所取得的成績而非自給自足的小農經濟產物。中國已成為世界第一大製造業大國，一半以上的人口居住在城鎮，二分之一以上的中國人成為網民，中國經濟對世界經濟增長的貢獻超過兩成，二〇〇九年更達到一半！環顧世界，正迎來五百年來未有之大變局：「西

方中心論」難以為繼，從單極世界演變到零極世界（無極世界）。世界正恢復到原初的多樣性狀態。中國作為文明型國家的崛起和新興經濟體領頭羊，對此居功甚偉。再近的來說，戰後國際秩序面臨五十年來未有之困境，鉚在美元體系下越來越無法實現中華民族的偉大復興。

面對上述「三五」變局，中國夢有三大擔當：其一使中國成為中國。挖掘五千年中華原生文明，塑造中國作為世界領導型國家的道統。其二使西方成為西方。五百年前誰著史？通過把偶然的說成必然的、把地方的說成世界的、把短期的說成永恆的，西方將自己的價值包裝為普世價值。如今，到了中國夢解構之、釐清普世邊界，還原西方為地方性概念的時候了。其三使世界成為世界。哲學家趙汀陽說，這是一個壞世界，壞世界是非世界。讓世界成為世界，還原世界的多樣性，中國夢對此責無旁貸、任重道遠。

這三種擔當，也是中國塑造三種身分——「傳統中國」「現代中國」和「全球中國」——的過程。梁啟超先生在《中國史敘論》一文中描繪了中國的三重身分：中國的中國、亞洲的中國、世界的中國。以此對應，今日之中國，身分有三：一是「傳統中國」（Traditional China），即傳統農耕文化、內陸文明孕育的「文化共同體」。二是「現代中國」（Modern China），即近代以來隨著「天下」觀破滅後被迫融入西方國際體系而塑造的現代「民族國家」身分。由於國家尚未統一，「現代中國」身分仍在建構中，民族融合與核心價值觀建構挑戰尚在。三是「全球中國」（Global China）。它是指隨著中國的改革開放，那些利益和觀念國際化、全球化的部分，即堅持傳統文化，又包容價值普適性，而處於形成之初級階段的全新國家身分。比如，七億多網民越來越多地擁有「全球公民」身分，而非「中國人」之單一屬性。傳統中國，經歷「夷夏之辯」而形成；現代中國，經歷「中西之辯」而塑造；全球中國，因為「走向海洋」而胎動。

法國歷史學家托克維爾曾精闢地分析過大國與小國的不同。他極具洞見地指出：「小國的目標是國民自由、富足、幸福地生活，而大國則命定要創造偉大和永恆，同時承擔責任與痛苦。」作為世界大國與文明古國，中國不僅要實現自身的現代化，也要幫助其他後發國家實現現代化，不僅要成為世界強國，也要讓世界強國尋找到維護自身地位、生活水準尊嚴的非零和之路，實現人類文明的永續發展。這就是中國夢的世界意義與文明擔當。

為什麼是中國？中華文明是唯一從未中斷的古老文明、最世俗化的古老文明。中國是最具活力的新興國家。中國夢的文明擔當，舍我其誰？

三、中國擔當什麼

從人類歷史上看，大國崛起一定會提出引領世界未來的合作倡議和價值理念。「一帶一路」及其背後的人類命運共同體理念就承載著這一使命。「一帶一路」首先是中國新時期全方位開放戰略，其次是推行新型全球化和新型全球治理的合作倡議，同時還是融通中國夢與世界夢、實踐人類命運共同體的偉大事業。

古絲綢之路沿線地區曾經是「流淌著牛奶與蜂蜜的地方」，如今很多地方卻成了衝突動盪和危機挑戰的代名詞。習近平總書記心繫天下，胸懷南北，高瞻遠矚提出「一帶一路」偉大倡議，開闢了中國從參與到引領全球開放合作的新境界。「一帶一路」成為習近平新時代中國特色社會主義思想最恢宏的大手筆和國際社會關注度最高的熱詞。

習近平新時代中國特色社會主義思想汲取五千年中華文明靈感，承載近代以來中華民族現代化夢想，開闢馬克思主義中國化、時代化、大眾化新境界，這在「一帶一路」四個字得到了充分體現：「帶」濃縮了

中國四十年改革開放的經驗，「路」源於一百八十年來中國走出符合自身國情發展道路，「一」折射「道生一，一生二，二生三，三生萬物」的五千年文明智慧，集中展示了傳統中國、現代中國和當代中國的三重魅力和中國共產黨為人類進步事業而奮鬥的天下擔當。

「一帶一路」取代「中國崛起」成為國際社會觀察中國的關鍵字，標誌著中國從站起來、富起來到強起來，為解決人類問題不斷貢獻中國智慧和中國方案。多年來，在各參與方共同努力下，「一帶一路」逐漸從倡議變為行動，從理念轉化為實踐，成為當今世界規模最大的國際合作平臺和最受歡迎的國際公共產品，展示了最具雄心的中國擔當。全球一四〇多個國家和八十多個國際組織積極支援和參與「一帶一路」建設，一大批有影響力的標誌性專案成功落地。

世界日益增長的國際公共產品的需求與落後的供給能力之間的矛盾，就是建設「一帶一路」的動力。過去，中國通過改革開放而影響世界，讓世界上七億人脫貧，占世界脫貧貢獻率的七成，中國模式正在打破西方普世價值的神話。如今，中國通過中國倡議、中國方案、中國智慧正在塑造和引領全球化和全球治理，通過再造世界而再造中國，推動中國成為世界新的領導型國家。

習近平總書記多次指出，在新的歷史起點上，中國前所未有地走近世界舞臺中心，前所未有地接近實現中華民族偉大復興的中國夢，前所未有地具有實現這個目標的能力和信心。「一帶一路」及其背後人類命運共同體思想的提出，揭示了中國與世界關係的深刻變遷。中國正在傳中國經驗，造共榮之勢，舉中國方案，踐大道之行，展中國擔當，呈公共產品。

天下大勢，合久必分，分久必合。今天的「合」，就是超越國家的狹隘、利益差異，建立以合作共贏為核心的新型國際關係。命運共同體著眼於人類文明的永續發展，推動建立文明秩序，超越狹隘的民族國家

視角，樹立人類整體觀，讓中國站在國際道義制高點上。「一帶一路」倡議及人類命運共同體思想正式寫入聯合國安理會和聯合國大會決議，為此做了很好的注腳。

中國不只是歷史，而且將成為未來的代名詞。二十一世紀是中國世紀，中國學即未來學。應以後天看明天，而非以昨天看明天。五千年連續不斷文明，第一次實現歷史—現實—未來統一，這就是人類命運共同體。作為推動人類命運共同體建設的偉大倡議——一帶一路，正再造中國，再造世界。

這是未來擔當和擔當未來的最生動詮釋。

目錄
CONTENTS

序

前言

第一章　大國為何擔當

第二章　大國如何擔當

第三章　大國擔當的未來

後記

第一章　大國為何擔當

第一節　負責任大國應有擔當自信

黨的十九大報告指出，中國特色社會主義進入新時代。這在中華人民共和國發展史上、中華民族發展史上具有重大意義，在世界社會主義發展史上、人類社會發展史上也具有重大意義。

因此，不僅要從中華文明史，而且要從社會主義文明、人類文明的高度理解習近平新時代中國特色社會主義思想的世界意義。中國共產黨不僅有了自己的道路自信、理論自信、制度自信、文化自信這「四個自信」，也帶給世界「四個自信」：政黨自信、社會主義自信、全球化自信、人類自信。四個自信正轉化為行動自覺，建設人類命運共同體。

一、政治文明自信

黨的十九大報告明確中國特色社會主義最本質的特徵是中國共產黨領導，中國特色社會主義制度的最大優勢就是中國共產黨領導，黨是最高政治領導力量，提出新時代黨的建設總要求，突出政治建設在黨的建設中的重要地位。報告指出，中國特色社會主義政治制度是中國共產黨和中國人民的偉大創造。我們有信心、有能力把中國社會主義民主政治的優勢和特點充分發揮出來，為人類政治文明進步做出充滿中國智慧的貢獻。

近代以來，中國走出了一條符合自身國情的發展道路，將馬克思主義中國化；當今中國，改革開放成就最大規模的人類工業化、資訊化，並正從結構、品質上超越西方工業化、資訊化成就，這是文化自信的應有之義。進入新時代的中國特色社會主義，鼓勵各國走符合自身國情的

發展道路，還原了世界多樣性，樹立了人類政治文明的自信。

智近平新時代中國特色社會主義思想標誌著中國徹底告別近代、走出西方，同時也鼓勵世界告別近代、走出西方，在三個「五」的歷史維度和全球化新時代的現實維度實現了三大超越：其一是超越「古今中外」思維定式。鴉片戰爭以來，「中西體用」的思維定式嚴重束縛了國民心態；甲午戰爭後，中華民族更一度走向全盤西化的邪路。文化自信與文化自覺，只有落實到「四個自信」——道路自信、理論自信、制度自信、文化自信，才真正得以體現。中國夢的提出，就是中國作為國民、民族和國家自信、自覺的最終體現。為超越這「中學為體、西學為用」的思維定式，告別東西方，關注大南北，恢復中國本為世界領導型國家的道統，就是社會主義文明觀的應有之義。其二是超越「百年國恥」。一百七十多年來的現代化夢，造成中國「趕英超美」的狹隘與躁動。中國夢的提出，超越了西方夢、美國夢、現代化夢，開啟了真正屬於中國的夢想。社會主義文明是中國夢的價值載體。中國夢不僅不排斥西方，而且主張中西攜手，開創新人文主義。其三是超越了「復興」。中華民族偉大復興的中國夢，儘管冠以復興——所謂復興，一是強盛，二是威望，其實超越了五千年中華文明，正在實現三大文明轉型：從農耕文明向工業（資訊）文明轉型，從內陸文明向海洋文明轉型，從地區性文明向全球性文明轉型。當然，文明轉型並非否定傳統文明特質，而是傳統中國、現代中國、全球中國的三位一體。

黨的十九大報告對新型國際關係的內涵做出明確界定，就是「相互尊重，公平正義，合作共贏」。這三個關鍵字旨在擯棄傳統的以強凌弱的叢林法則，建立在大小國家一律平等這一中國外交的優良傳統之上。這就是國際政治新文明。

中國特色社會主義進入新時代，中國社會主要矛盾已經轉化為人民日益增長的美好生活需要和不平衡不充分的發展之間的矛盾。國際社會

的主要矛盾，也表現在世界人民日益增長的美好生活需要和世界不平衡、不公正和發展不充分之間的矛盾。因此，中國提出「一帶一路」合作倡議，就是要解放全球生產力，實現世界經濟再平衡，推動開放、包容、普惠、平衡、共贏的新型全球化，以及共商共建共享的全球治理，維護人類的公平正義。

過去中國強調「一屋不掃何以掃天下」，如今的情形是「天下不掃，一屋也掃不了」。在中國的世界觀中，「清潔美麗」屬首次正式提出，與建設美麗中國的目標一脈相承，而不論美麗中國抑或清潔美麗的世界都需勤加打掃。如今中國不僅要做好自己的事情，同時也要為世界做出更大貢獻。中國共產黨的宗旨是全心全意為人民服務，這個人民越來越包括世界人民。

二、社會主義文明自信

黨的十九大報告指出，中國特色社會主義進入新時代，意味著科學社會主義在二十一世紀的中國煥發出強大生機活力，在世界上高高舉起了中國特色社會主義偉大旗幟。

越來越多的事實表明，必須對社會主義做與時俱進的理解。只有把社會主義視為一種人類文明形態，那就是社會主義文明，才能堅定社會主義信心，堅定中華古老文明借助社會主義而復興的美好願景。社會主義理念如果不是與中國傳統文化如「天下大同」等理想相契合，是不可能內化為中國的國家屬性和受到廣大中國人民擁護的。這是文化自信的應有含義。在中國，是中國共產黨帶領中國人民走上社會主義道路，創造社會主義奇蹟，並最終實現共產主義理想。這也深刻解釋了中國共產黨的歷史合法性、現實合理性、未來合情性。筆者故此提出，中國夢也是社會主義夢。社會主義文明是對社會主義本質——解放和發展生產

力，消滅剝削，消除兩極分化，最終達到共同富裕的提煉和昇華。只有從文明角度理解社會主義，才能擺脫中國特色、初級階段的糾結，與中國作為一種文明而非民族國家的身分相匹配。

社會主義文明可以從三個層面來理解，實現了對包括資本主義文明在內的人類各種文明形態的超越：從生產方式上講，社會主義文明超越了資本主義文明「增長而不發展」的悖論。資本主義文明帶來了發展和繁榮，並以自己的發展和繁榮惠及其他發展中國家，但這些發展中國家普遍遭遇增長而不發展的窘境：篤信經濟增長理論，通過融入全球化實現了經濟增長，但經濟發展、社會發展、政治發展停滯不前，國家治理能力與治理體系始終未能實現現代化。究其原因，美國經濟學家熊彼特形象地將資本主義文明描繪為「創造性毀滅」，即在解決問題過程中產生更多問題，生產的負外部性顯著。而只有到了社會主義中國，才產生了人類減貧的奇蹟，經濟持續增長，社會全面進步。從生活方式上講，社會主義文明超越了資本主義文明「和平而不安全」的悖論。社會主義文明觀提出新安全觀：共同安全、合作安全、綜合安全、可持續安全，致力於建設一個持久和平、共同繁榮的和諧世界，超越了資本主義文明內外有別、和平而不安全的悖論。從思維方式上講，社會主義文明超越了資本主義文明「開放而不包容」的悖論。一方面，資本主義文明從經濟、人口、思想、文化等各方面全方位開放，不斷從「異質文明」汲取營養；另一方面，資本主義文明不斷製造「異質文明」的假說，通過征服、擴張乃至殖民，將自己的意志強加於人。在解決國內外問題上，非系統思維、非可持續思維製造的問題比解決的問題還多，或者根本無法解決問題。社會主義文明統籌國內、國際兩個大局，以系統、全面、協調、可持續思維，倡導世界多樣性、文明的多彩、平等和包容。

與西方文明觀相比，社會主義文明觀具有以下三方面顯著特質：其一是積極的文明觀。西方文明觀受到資本主義文明在近代化過程中的破

壞、毀滅，以補償式思維，推行社會福利制度、人道主義援助，並成為現代文明的標誌。其實，這只是一種消極文明觀。我們倡導的社會主義文明乃積極的文明，不僅積極解決資本主義文明遺留下來、解決不好的問題，而且有效解決人類和平與發展面臨的共同難題與挑戰。其二是動態的文明觀。西方文明觀將文明定義為人類創造的一切財富的總和，並區分為物質文明、制度文明、精神文明，更多是與人類文化遺產和生產力、生產方式成就聯繫起來。社會主義文明觀是一種動態的文明觀，強調文明力，即著眼於國際競爭力與創新力。其三是包容的文明觀。西方文明觀將文明界定為與野蠻相對的概念，容易陷入一種話語霸權，甚至造成西方列強對本國人文明、對外國人野蠻的近代殖民史。社會主義文明觀主張古今中外、東西南北大包容，倡導兼收並蓄、融會貫通的理念，著眼於人類文明的可持續發展以及人類命運共同體建設。

由此不難明白黨的十九大報告中關於中國特色社會主義新時代含義：從把「世界的」變成「中國的」（中國特色社會主義1.0），到把「中國的」變成「世界的」（中國特色社會主義2.0），實現人類的公平正義，構建人類命運共同體。

三、全球化文明自信

黨的十九大報告指出，中國特色社會主義進入新時代，意味著中國特色社會主義道路、理論、制度、文化不斷發展，拓展了發展中國家走向現代化的途徑，給世界上那些既希望加快發展又希望保持自身獨立性的國家和民族提供了全新選擇。

當今世界格局出現顯著變化，逆全球化潮流湧動，特別是美國總統特朗普上臺後的一系列舉措與英國脫歐，引領全球化倒退。國際形勢客觀上也需要中國在全球舞臺上更加積極作為，提供公共產品。可以說，

世界對中國充滿期待。「窮則獨善其身，達則兼濟天下。」現在中國自身有能力，有責任，也有擔當。所以黨的十九大報告明確強調要「堅持推動構建人類命運共同體」「始終做世界和平的建設者、全球發展的貢獻者、國際秩序的維護者」。

隨著中國在全球產業鏈中從低端邁向高端，與發達國家競爭性一面上升，而與發展中國家、新興國家互補性增強——發展中國家承接中國產業轉移的後方市場，新興國家則承接中端市場，與發展中國家中的新興大國合作具有推動國際關係民主化、法制化方向發展的戰略意義。這正是「一帶一路」倡議引發國際普遍回應的重要原因。中國的文明轉型鼓舞了遭受全球化衝擊的其他文明的自信與自覺——創造性轉化，創新性發展，自覺推動自身文明的轉型，增強全球化文明自信。

四、人類文明自信

黨的十九大報告指出，中國特色社會主義進入新時代，為解決人類問題貢獻了中國智慧和中國方案。中國共產黨是為中國人民謀幸福的政黨，也是為人類進步事業而奮鬥的政黨。中國共產黨始終把為人類做出新的更大的貢獻作為自己的使命。中國人民願同各國人民一道，推動人類命運共同體建設，共同創造人類的美好未來。

人類命運共同體超越了經濟全球化是否帶來政治、文化全球化的擔憂，著眼於人類整體身分、長遠利益和最終歸宿。建設人類命運共同體是中華民族偉大復興中國夢的歷史使命與時代擔當。我們說的中華民族的偉大復興，絕不是「回到漢唐」，因為復古解決不了今天中國面臨的問題，也不能應對世界挑戰；也更非與西方「接軌」，因為西方難言先進，且自顧不暇，一些國家還希望中國創出一條嶄新的道路來與中國接軌。中華民族的偉大復興，應該是復興、包容、創新的三位一體。合理

地復興我們的原生文明，催生中華文明中海洋文明的種子而走向海洋；包容西方文明，摒棄西方普世價值神話而塑造人類共同價值體系；創新人類文明，通過引領新一輪全球化以實現人類文明永續發展，從根本上確立中國作為世界領導型國家的道路。黨的十九大報告對人類命運共同體的內涵也做了明確闡述，就是建設「持久和平、普遍安全、共同繁榮、開放包容、清潔美麗」的世界。這五個世界旨在解決我們這個星球面對的各種全球性挑戰，建立在中華民族崇尚世界大同、人類一家的優秀傳統文明基礎之上。這就超越了國別、黨派和制度的異同，反映了大多數國家的普遍期待，符合國際社會的共同利益，使中國的外交政策和理念佔據了人類道義的制高點。

總之，中國共產黨的「四個自信」帶給國際社會「四個自信」：政黨自信、社會主義自信、全球化自信、人類自信。這些自信正轉化為自覺，建設人類命運共同體。

習近平新時代中國特色社會主義思想可以說承載著二十一世紀的「張載命題」：「為天地立心」，就是啟動「和平合作、開放包容、互學互鑑、互利共贏」的絲路精神，開創以相互尊重、公平正義、合作共贏為核心的新型國際關係，探尋二十一世紀人類共同價值體系，建設人類命運共同體。「為生民立命」，就是鼓勵各國走符合自身國情的發展道路，實現中國夢與各國夢融通，共同成就世界夢。「為往聖繼絕學」，就是實現人類永續發展，各種文明、發展模式相得益彰、美美與共，開創中華文明與各種文明共同復興的美好前景。「為萬世開太平」，就是推動人類的公平正義事業，締造「持久和平、普遍安全、共同繁榮、開放包容、清潔美麗」的世界，實現全球化時代的「天下大同」。

第二節　合作共贏是大國相處之道

　　習近平總書記在黨的十九大報告中向世界呼籲，各國人民同心協力，構建人類命運共同體。這為破解所謂「修昔底德陷阱」指明了人間正道。俄羅斯有句諺語：「忘記過去，失去一隻眼睛；沉溺於過去，失去雙眼。」近年來，一些西方學者沉溺於過時的國際秩序，用歷史上的隻言片語預測中美關係難以跨越所謂「修昔底德陷阱」，對中國發展充滿疑慮。這是錯誤的，也是沒有必要的。二〇一七年十一月，美國總統特朗普訪華。中美兩國領導人會晤向國際社會有力證明，中美關係不存在任何陷阱，合作共贏才是大國相處之道。

一、中國發展使構建新型國際關係成為可能

　　二千四百多年前，西方文明發源地希臘爆發伯羅奔尼薩斯戰爭。對此，古希臘歷史學家修昔底德認為，雅典的日益壯大引起斯巴達的恐懼，最終引發戰爭。據此，一些西方學者認定，守成大國與新興大國必有一戰。這種邏輯就是「修昔底德陷阱」，這些西方學者認為中美關係也難以跳出這一邏輯。實際上，這是對發展中美關係的一種誤導。正如習近平主席指出的，世界上本無「修昔底德陷阱」，但大國之間一再發生戰略誤判，就可能自己給自己造成「修昔底德陷阱」。

　　中美關係根本不同於歷史上新興大國與守成大國之間的關係。從某種意義上說，中國快速發展屬於世俗文明的復興，既不是一種宗教性文明挑戰另一種宗教性文明，也沒有進入西方零和博弈軌道。作為世俗文明的中華文明，具有極強的包容性、學習性，沒有西方文明那種稱霸世

界的「普世文明」基因。實際上，中華文明從無主動挑戰他國的基因。中華文明淵源於農耕文明，中國實行社會主義，根本區別於西方資本主義，從來不搞所謂「普世文明」和武力擴張。這是中國提出構建新型國際關係的文明底蘊。還應看到，中美兩國分別為發展中國家和發達國家，其結構性權力不同，不存在「老大與老二」的邏輯，也不會構成「修昔底德陷阱」預言的權力轉移。最近幾十年的國際關係演變證明，中國是現行國際體系的參與者、貢獻者和改革者，而絕非對抗者、顛覆者。中國提出構建新型國際關係，中國持續快速發展使構建新型國際關係成為可能。

二、中美關係能夠跨越所謂「修昔底德陷阱」

習近平總書記強調，看待中美關係，要看大局，不能只盯著兩國之間的分歧，正所謂「得其大者可以兼其小」。中美兩國在全球治理中具有廣泛共同利益，完全能夠以合作化解衝突，建設性管控分歧，共同完善全球治理體系，構建人類命運共同體。這不僅有利於發揮各自優勢、加強合作，也有利於推動解決當前人類面臨的重大挑戰。可以說，中美有一千個理由合作，完全能夠跨越所謂「修昔底德陷阱」。

中美合作是推進經濟全球化的重要引擎。經濟全球化由歐洲人開啟，美國後來居上並成為旗手。改革開放以來，中國加快融入經濟全球化並推動經濟全球化快速發展。在這個過程中，中國社會主義現代化建設突飛猛進。「中國製造─美國消費」等說法雖不一定準確，但在一定程度上反映了中美兩國成為經濟全球化雙引擎的現實。當今世界，經濟全球化程度日益加深，各國緊密聯繫在一起。就雙邊關係而言，中美相互依存度仍在不斷增強。當前，中美正在攜手推進新一輪經濟全球化，「一帶一路」建設必將融通中國夢與美國夢，進而成就世界夢。未來，

伴隨中美雙邊投資協定達成，中美利益共同體將更加穩固。

中美日益成為全球公域利害攸關方。習近平主席指出，太平洋足夠大，容得下中美兩國。中美在亞太的共同利益遠大於分歧，雙方要在亞太地區開展積極合作，讓越來越多地區國家加入中美兩國的共同朋友圈，一道為促進亞太和平、穩定、繁榮做出貢獻。這為跨越所謂「修昔底德陷阱」提供了現實保障。目前，網路、公海、國際空間等全球公域問題日益突顯，單一國家、傳統國際組織均難以有效應對。中美兩國作為國際社會負責任利益攸關方，正在逐步變成全球公域利害攸關方。維護全球公域穩定與安全，中美作為最大發展中國家與最大發達國家責無旁貸。中美兩個大國對世界秩序和人類未來最具擔當，能否合作引領人類可持續發展，關係二十一世紀能否成功開創人類社會新未來。

中美合作是世界所需、未來所期。這主要體現在：一是共同應對全球性挑戰，塑造中美合作未來格局。比如，中美兩國在全球氣候變化、環境保護等問題上有過良好合作。二是合作提供國際公共產品。當今世界，單一國家已經無法為國際社會提供充足的經濟、安全等公共產品，國際社會希望第一大、第二大經濟體攜手合作，確保世界繁榮穩定。可以說，世界對國際公共產品日益增長的需要是中美合作的不竭動力。世界性問題與挑戰有多大，中美在國際和地區問題上合作的空間就有多大。三是推動國際秩序向公正合理可持續方向發展。作為東西方文明的代表，中美合作在推動人類文明進步方面具有深刻意義。中美能否成功打造二十一世紀新型大國關係，從某種程度上說決定著人類社會能否跨越歷史上的文明衝突陷阱。

三、以合作共贏推進新型大國關係建設

習近平總書記指出，中美建設新型大國關係前無古人、後啟來者。

中美需要在加強對話、增加互信、發展合作、管控分歧的過程中，不斷推進新型大國關係建設。實踐證明，中美必須合作、需要積極合作，世界期待中美合作。

必須合作。世界不僅無法承受中美衝突、對抗的代價，甚至無法承受中美不合作的後果。為避免歷史悲劇重演，中美必須合作，因為這是完善全球治理的必要條件。但也要看到，並非有了中美合作就萬事大吉，處理好國際事務還需要其他利益攸關方共同努力。

積極合作。中美合作是互補發展、相互依存的必然結果。面對日益增多的全球性問題與挑戰，中美作為世界兩大經濟體，對全球治理與全球經濟增長肩負著重大國際擔當。當前，中美在促進強勁和開放的全球經濟包容性增長和可持續發展方面、在穩定國際經濟金融體系方面擁有諸多共同利益。中美不能因循守舊，任憑歷史慣性起作用，而要攜起手來，積極應對世界性挑戰。

利他合作。合作不僅能夠共贏，而且可以多贏。中美合作提供國際公共產品，維護國際和地區秩序穩定，具有利他屬性。中美兩國應拋棄意識形態領域的偏見和猜疑，尋求建立新型合作模式。應該說，中美在全球公域問題上的合作不是選擇題而是必答題，是構建新型大國關係的必然要求。正如基辛格在《世界秩序》一書中所指出的，不管中美看法有多大不同，構建「新型大國關係是避免歷史悲劇的唯一之路」。

四、開啟中美深度合作新時代

黨的十九大報告指出，中國積極發展全球夥伴關係，擴大同各國的利益交會點，推進大國協調和合作，構建總體穩定、均衡發展的大國關係框架。構建中美新型大國關係，正是大國協調合作的關鍵。中美經貿合作空間巨大，政策協調、戰略對接的空間也很大，中美關係正開啟深

度合作新時代。

　　經濟深度鉚合。黨的十九大報告提出，推動形成全面開放新格局，實施高水準貿易和投資自由化、便利化政策。貫徹落實這一戰略部署，必將深化國際經貿合作，促進中美經貿關係進一步朝著動態平衡、互利雙贏方向健康發展。中國將按照擴大開放的時間表和路線圖，大幅度放寬金融業市場準入，為中美金融合作打開大門。為擴大貿易和投資合作，中美正在制訂和啟動下一階段經貿合作計劃，積極拓展兩國在能源、基礎設施建設等領域的務實合作，推動經貿合作向更大規模、更高水準、更寬領域邁進。

　　政策深度協調。中美外交安全、全面經濟、社會和人文、執法及網路安全四個高級別對話機制正引領中美政策共振。特朗普總統訪華期間表達出這樣的意願：美國的確有必要修改政策，因為它在與中國，還有其他許多國家的貿易中掉隊了。中美作為全球經濟增長引領者，應進一步加強宏觀經濟政策協調，共同推動兩國經貿關係在健康穩定、動態平衡中向前發展。中美兩國元首會晤期間，雙方表示願意進一步加強宏觀經濟政策協調，並就各自結構性改革和全球經濟治理有關問題保持溝通與協調，將共同努力推動全球經濟強勁、可持續、平衡、包容增長。

　　戰略深度對接。中美共同利益遠大於分歧，可以也應該加強戰略對接。習近平主席指出，面對複雜多變的國際形勢，中美兩個大國在維護世界和平穩定、促進全球發展繁榮方面擁有的共同利益更多了，肩負責任更大了，合作空間更廣了。事實表明，健康穩定發展的中美關係不僅符合兩國人民利益，也是國際社會的共同期待。對中美兩國來說，合作才是唯一正確選擇，共贏才能通向更好未來。雙方應在處理國際問題中開展深度合作，讓越來越多的國家和地區加入中美兩國共同朋友圈，一道為促進世界和平、穩定、繁榮做出更大貢獻。

第三節　中國國際角色的新定位

二〇一七年三月八日，外交部部長王毅兩會期間就中國外交政策和對外關係回答中外記者提問時指出，十八大以來的中國特色大國外交有三個鮮明的特徵：

首先是先進性。習近平總書記站在時代潮頭，把握歷史方向，提出一系列新思想、新理念。比如打造對話而不對抗、結伴而不結盟的夥伴關係，進而建立以合作共贏為核心的新型國際關係，在此基礎上，各國共建人類命運共同體。這些新的思想和理念，摒棄了結盟對抗的舊思維，超越了零和博弈的老套路，既有鮮明中國特色，又有重大世界意義，不僅是新時期中國外交的行動指南，也將對人類發展進步事業產生深遠影響。

二是開拓性。中國外交為國家和人民的利益積極進取，開拓創新。我們構建覆蓋全球的夥伴關係網絡，為國內發展營造了有利外部環境和戰略支撐；我們推進「一帶一路」倡議，開啟了中國新一輪對外開放與互利合作的歷史新篇；我們心繫百姓，大力打造海外民生工程，有效維護了中國公民、企業在海外的正當和合法權益。

三是穩定性。面對動盪不安、衝突頻發的地區和國際形勢，我們始終堅持走和平發展道路；面對質疑現有國際秩序和國際體系的言行，我們始終主張在維護中加以改革完善。面對逆全球化和保護主義思潮抬頭，我們始終高舉多邊主義和包容開放的旗幟。中國外交的這種穩定性和確定性，是大國應有的擔當，不僅對沖了各種不確定性，也充分展示了中國的定力和自信。

針對西方媒體糾纏的中國是否趁特朗普內斂之際領導世界，王毅外長指出，中國將繼續做國際形勢的穩定錨，世界增長的發動機，和平發

展的正能量，全球治理的新動力。

這表明，中國的國際角色，已從追趕型選手到新的領導型國家轉變。美國人所說的「leadership」不代表霸權，中國人的理解就是領導世界。「leadership」更多是表示多擔當、多牽頭、多提出倡議和方案，這正是中國正在做的，兩者並不矛盾。中國是領導型國家（leading nation），而不是世界領導（world leader），而且是新的領導型國家。就拿中國成為全球治理的新動力這點來說，中國追求通過全球治理恢復世界本來的正常狀態，達到和諧有序。美國則是認為要通過強有力的意志去進行改變，以達成目標。

王外長特別強調，中國以聯合國的全球治理為核心。聯合國也強調全球治理要遵循主權國家平等參與，堅持共商、共建、共享的原則，美國則是以聯盟及領導的西方世界為主體，堅持它的體系。從操作方面講，中國以經濟全球化的角度出發，由此擴展到全球挑戰，如氣候變化、能源、環境、人口和難民等公益事件。在安全議題上，中國強調非傳統安全，而美國強調軍事衝突安全，軍事全球體系和軍事霸權。全球化議題上，中國著眼經濟全球化，美國還強調政治、文化等。

作為聯合國安理會常任理事國中的發展中國家，維護發展中國家和金磚國家的利益和話語權，這在聯合國的框架下更具有合法性。

面對當前複雜的世界格局，中國有外部壓力，需要重新思考大國協調、治理，並落實到實踐。如何分配權利和義務，仍有很大難度。當前世界對於公共產品的需求提高，誰都不能獨自提供，因為成本極高，需要國際社會積極回應，集體出力。當然，大國的擔當會更大，責任會更重。在涉及中國利益、霸權國家權益相關的脫貧、扶貧、致富以及基礎設施、互聯互通等方面的，中國還要繼續採取循序漸進的原則，積極去做。通過中國方案、中國行動、中國智慧，中國正在展示新的領導型國家的風采。

第四節　領導型大國呼喚二十一世紀的大國心態

美國學者威廉・吉布森曾說過一句意味深長的話,「未來已至,只是分布不均。」的確,習近平主席在批評外國人的冷戰思維時指出,「有些人身體進入二十一世紀,腦袋還停留在二十世紀」。這句判斷對一些中國人也部分適用。外媒諷刺中國「有姚明的身子,孩童的心態」。國人對「一帶一路」的看法就是明證。

習近平主席指出:「『一帶一路』建設是偉大的事業,需要偉大的實踐」。一些國人逼印度加入「一帶一路」,反感印度不加入,把別國求中國的事情,變成中國求別國的事情,違反「一帶一路」互利共贏的精神,容易讓外界誤解是「一帶一路」中國的戰略,有中國背後的算計。

這就引發時下的討論:我們已經是一個大國,然而當下國民心態還存在與大國地位不相符合因素,如弱國心態、小國心態等;一部分人因此說我們只是經濟上強大了,還不能算真正意義上的大國,對此要有理性認識等等。

一、當今中國受到哪些心態困擾

事實一再提醒我們,中國人並沒有樹立起成熟的大國心態,而是受制於小國心態、弱國心態的困擾。

小國心態:「一帶一路」國際合作高峰論壇之後,一篇「中國不應做救世主」的文章頗為流行。孤立看,這篇文章說得沒錯。可細究不

然，反映了國人不願意多擔當的自保心態，老是把「一屋不掃何以掃天下」掛在嘴邊，甚至習慣認同美國應做救世主，而中國絕不能做！與此同時太看重美國和西方的感受，要美國加入亞投行，方顯亞投行之成功。一些人動輒以中國威脅論依然有市場為由，號召我們要善於守拙，不要強出頭，將韜光養晦當作推卸責任的搪塞——天下塌下來個子高的頂著，主張採取鴕鳥政策，不願正視「一帶一路」風險。一句話，沒有大國的擔當，也是缺乏大國心態的反映。

弱國心態：鴉片戰爭以來，國人習慣做奴才不會做東家，寧可相信美國也不相信中國，認為外國的月亮比中國圓——外國就是西方。許多人迄今走出近代，動不動流露出悲情訴求，崇洋媚外，缺乏四個自信，表面上擔心中國威脅，其實怕惹事，並且容易從一個極端走向另一個極端，因而也可能是民族主義者，認定美國一舉一動都是衝著中國來的，將中國周邊麻煩歸因於美國的挑撥離間，又不敢懲罰美國，只好懲罰周邊小國，甚至以美國也不遵守國際仲裁來說明中國不承認、接受國際法院的南海仲裁結果。

區別於小國心態、弱國心態，大國心態則是對大國存在的主觀認知和反映。法國歷史學家托克維爾曾精闢地分析過大國與小國的不同。他極具洞見地指出，「小國的目標是國民自由、富足、幸福地生活，而大國則命定要創造偉大和永恆，同時承擔責任與痛苦。」

二、當今中國需要一種怎樣的大國心態

一是清醒而不驕躁的大國意識。

無論從體量、影響力上看，中國自始至終都是大國，即便近代遭到西方侵略，大國氣節始終未泯，民族復興、振興中華的願望從未放棄。今天，整個世界對西方日感絕望，紛紛向東看，「一帶一路」順應了這

種趨勢，引領和平發展合作新時代，同時認真評估其風險，倡導共商共建共享原則，向世界展示以習近平同志為核心的黨中央清醒而不驕躁的大國意識，給國際和平發展合作以信心。「一帶一路」是對那些「一屋不掃何以掃天下」的有力回應：試問當今哪個大國屋內掃乾淨了？現在是天下不掃難以掃一屋了，必須樹立人類命運共同體意識。這是大國意識的自然延伸。

二是明晰而不越軌的大國身分。

中國特色的大國外交，清楚地亮出中國的大國身分，有針對性回答中國是否在搭美國便車，是否不負責任的大是大非問題，展示了我大國胸懷、大國氣度。在全球治理尤其是應對氣候變化問題上，在G20、金磚等合作平臺，中國扮演了引領者、協調者、推動者的大國角色，及時有效回應國際社會的普遍關切，同時強調改革而非推翻已有國際體系，倡導中美新型大國關係，推動國際合作和大國協調，充分展示了中國作為最大發展中國家、最大金磚國家和第二大經濟體的多重身分優勢。

三是積極而不過度的大國擔當。

習近平總書記在二〇一六年新年賀詞時說：世界那麼大，問題那麼多，國際社會期待聽到中國聲音、看到中國方案，中國不能缺席。這就亮出了全球治理的中國自信與自覺。的確，大國有大國的樣子。大國能為而不為，應為而不為，都是缺乏大國擔當的表現。中國不怕事，不惹事，積極參與國際熱點解決，積極承擔相應的國際義務，給國際社會提供越來越多的公共產品，成為全球治理、全球化的引領者。勇於並善於大國擔當，不是包打天下，而是主張合作共贏，舉中國方案，塑共榮之勢，踐大道之行。

大國意識是主觀認知，大國身分是外在認同，而大國擔當是知行合一。當今中國是文明古國、新興大國和領導型國家的三位一體。中國應成新的領導型國家，這是二十一世紀大國心態的展示，也是新型大國關

係的時代呼喚，既明確中國的大國身分，又避免霸權意識，探索新型領導型國家之路。

第五節　領導型國家肩負時代擔當

G20漢堡峰會以「塑造聯動世界」為主題，在構築經濟恢復能力、促進可持續性和承擔責任，包括全球經濟形勢、貿易金融和稅收、氣候變化、數位化技術、難民和移民事務以及反恐合作等一系列重大問題上達成重要共識。中國為此發揮了獨到而關鍵性的作用。

一、方向引領作用

中國通過「一帶一路」統籌金磚合作、上合組織、G20等平臺，推動全球化朝向開放包容、均衡普惠方向發展。習近平主席在二十國集團領導人漢堡峰會上關於世界經濟形勢的講話，推動世界經濟朝向開放包容的方向：「我們要堅持建設開放型世界經濟大方向。這是二十國集團應對國際金融危機的重要經驗，也是推動世界經濟增長的重要路徑。國際組織當前調高世界經濟增長預期，一個重要原因就是預計國際貿易增長百分之二點四、全球投資增加百分之五。我們要堅持走開放發展、互利共贏之路，共同做大世界經濟的蛋糕。作為世界主要經濟體，我們應該也能夠發揮領導作用，支持多邊貿易體制，按照共同制定的規則辦事，通過協商為應對共同挑戰找到共贏的解決方案。」

二、動力發掘作用

全球金融危機爆發以來，中國經濟增長為世界經濟增長貢獻三成，成為世界經濟增長名副其實的引擎。如今，還成為創新驅動的新動力

源。正如習近平主席峰會致辭所言，我們要共同為世界經濟增長發掘新動力。這個動力首先來自創新。研究表明，全球百分之九十五的工商業同互聯網密切相關，世界經濟正在向數位化轉型。我們要在數字經濟和新工業革命領域加強合作，共同打造新技術、新產業、新模式、新產品。這個動力也來自更好解決發展問題，落實二〇三〇年可持續發展議程。

三、黏合協調作用

中國是世界最大的發展中國家、最大的新興經濟體和世界第二大經濟體，這種多重身分，加上習近平主席的領導能力和東方統籌協調的智慧，使得中國在G20三大陣營——七國集團、金磚國家、中等強國——中都可以說得上話，協調他們的立場，達成共識。比如，習近平主席此次漢堡峰會期間會見了七國集團五國領導人，並召開金磚國家領導人會議，充分展示了這種協調人、黏合劑作用，為漢堡峰會實現各項目標提供了重要支撐。習近平主席從維護發展好二十國集團機制的角度出發，善於尋找各方立場的最大公約數、擴大各方利益的最大交會點，強調秉持夥伴精神的重要性，呼籲各方聚同化異、加強合作，推動峰會凝聚共識、形成合力，保持了國際社會對二十國集團合作的信心。

四、穩定發展作用

作為世界經濟增長的引擎，中國於二〇一六年舉辦了G20杭州峰會，成果不僅超越以往，而且發揮了將G20從危機應對機制向全球經濟治理長效機制轉變的關鍵性作用。漢堡峰會的主題為「塑造聯動世界」，與杭州峰會「構建創新、活力、聯動、包容的世界經濟」的主題

一脈相承，反映出國際社會對推動經濟全球化的期待。此次漢堡峰會再度將發展問題置於全球宏觀政策框架的突出位置，突出了支持聯合國二〇三〇可持續發展議程，特別是G20與非洲合作的主題，照顧到了發展中國家的合理關切。這本身就是G20杭州峰會通過《二十國集團落實2030可持續發展議程行動計劃》、啟動《二十國集團支持非洲和最不發達國家工業化倡議》的直接承續。

總之，中國的議題設置能力、協調力與領導力，很大程度決定了G20的前途命運。與會期間，習近平主席站在打造人類命運共同體的高度，參與關於世界經濟形勢、貿易、金融、數字經濟、能源、氣候變化、發展、非洲、衛生、難民移民、反恐等議題的各場討論，闡釋中國理念，提出中國方案，大力推動國際合作，充分展示了中國作為新的世界領導型國家的時代擔當。

第六節　當前西方制度危機重重

　　英國脫歐公投和特朗普當選美國總統這些「黑天鵝」事件，一下子將西方制度危機暴露無遺。民粹主義和民族主義，成為高懸在西方政壇的兩把達摩克利斯之劍。歐洲一體化的核心理念——商品、資本、勞務、人員自由流通的歐洲大市場建設遭遇史無前例的衝擊。其結果是，歐盟機構「不受待見」，再國家化成為趨勢。美國則上演了兩個總統的鬧劇：特朗普上臺前，就對奧巴馬的內政外交指手畫腳，擺出一副將美國政策推翻重來的架勢。

　　如果說前幾年的危機——歐債危機、烏克蘭危機、難民危機，都在倒逼和加強歐洲一體化進程，那麼歐洲核心區選舉以及極右翼和反體制政黨的崛起，則正在終結歐洲多元文化社會，衝擊歐盟的核心價值觀，直接動搖歐洲現代政治文明成果。華爾街金融海嘯造成華盛頓政治海嘯，更讓美國失去西方和世界領袖的地位。

　　何以至此？本節從大歷史—中觀歷史—近歷史三大歷史維度，剖析西方制度危機的根源。

一、民主悖論折射西方資本主義制度危機

　　從大歷史看，人類進入大轉型、大風險時期，西方制度缺乏真正的革新，難以適應世界之變。英國國防部報告《2010-2040全球戰略趨勢》認為，二〇四〇年之前的世界都處於轉型期，未來數十年要面對的挑戰包括氣候變化、人口的快速增長、資源短缺、意識形態復甦，以及權力從西方向東方的轉移等。

法治、民主、人權，這些西方現代文明的核心價值觀或不足、或過度、或異化，總體邊際效用日益遞減。精英脫離群眾，助長了民粹主義盛行，直接源頭在於新自由主義主導的全球化陷入窮途末路。民主悖論即典型寫照。

　　邱吉爾曾斷言，民主是最不壞的政治制度。這既是西方政治自信的流露，也體現出西方政治的無奈。說自信，因為歐洲先於世界其他國家經歷了各種政治思潮和社會運動之滌蕩，最終選擇了民主制度，這是歐洲政治自信心與制度優越感的源泉。歐盟議會的資深議員菲力浦·赫爾佐格早在一九九九年寫的《為了歐洲民主的宣言》一書中就指出，歐盟諸國各不相同，但由於「共同的價值觀」才走到一起。他說：「這些共同的價值觀首先是基督教，接著是文化啟蒙，尤其是對民主的發明。」說無奈，一是因為民主制度只能避免最壞，無法追求最好。二是因為時過境遷，這個世界不再是西方一枝獨秀了。歐洲目前的困境，對此做了再好不過的詮釋。

　　如今，由於全球化的飛鏢效應，以及中國的崛起及其承載的唯一沒有被西方殖民的連續性最強的古老文明的復興，民主越來越呈現「壞」的一面。歐洲的境況是西方民主制度的一個縮影。今天的西方民主制度很像一個被寵壞了的孩子，只是因為有祖上留下的家產，還可以繼續揮霍，但在這個競爭日益激烈的世界上，這種情況恐怕將越來越難以為繼。

　　美國的情形同樣如此，特朗普在獲得共和黨提名大會上直接喊出「不要政治正確性」的口號。美國《新觀點》季刊主編南森·加德爾斯說得很直白，西方民主制度屈服於「即時新聞」和「一人一票」的「短期暴政」，導致民粹主義氾濫，這種制度缺乏長期思考、策劃，缺乏持續統治的政治能力。西方應該好好考慮對自己的政治體制進行改革，否則全面走衰的趨勢恐無法逆轉。

今天，我們放眼歐美，不難發覺，民主扭曲、錯亂的例子俯拾皆是。民主成為西方向外輸出政治休克療法、造成政治混亂的催化劑。

概括起來，西方民主存在三大悖論：

一是民主與生俱來的悖論——三元悖論，即民主、自由、平等不可兼得。

二是民主運行過程中的悖論——名與實的悖論。經過幾百年來的運作，西方民主遊戲化，甚至異化了，以民主之名背離民主之實。西方民主異化有三種形式：民粹主義、民族主義、民主功利主義。

三是民主在全球化時代的悖論：多元一體的悖論。全球化解構了西方中心論，導致西方的民主話語權旁落，只是出於政治正確性而高喊民主，而實際上西方正在反民主、反全球化。如今，不是民主解構西方，就是西方在解構民主，以至於西方領導人紛紛感慨——多元社會已經失敗，多元與一體無法合一。

美國熱衷於民主輸出，是造成民主悖論的罪魁禍首。歐洲為此遭受阿拉伯之春、難民危機、恐怖襲擊等不可承受之重。美國的民主悖論，尤其表現於基督教悖論，秉承民主—專制的二分法思維，行自以為是的民主霸權。

今天，歐美債務危機重重，就與民主的副作用脫不了干係。在歐洲，工人們要生活得舒舒服服，但不願意付出辛勞，要資本主義的同時又要各種社會保障，福利國試圖做這種不可能的事，最終走向破產。

任何政府要有效治理國家，必須具備治國的能力，並掌握足夠的政策工具。治國的首要能力是領導能力，而不是取悅民眾的能力。一言以蔽之，西方民主的一大弊端是民粹和平庸，民選政府以民調治國，無法再擔負領導的角色。一味迎合民眾欲求的結果，是國家福利主義的重擔最終壓垮了國家財政。

法國哲學家弗朗索瓦·朱利安接受記者採訪時發表了意味深長的見

解。他說：「民主制度已變成了一種不真實的、依靠傳媒出名且毫無自信的、完全變成短期的制度。」

二、西方金融海嘯演變為西方政治海嘯

從中觀歷史看，世界迄今未走出全球金融危機，西方國家普遍出現反全球化、反一體化現象，制度危機的經濟基礎在動搖。二〇〇八年金融危機爆發所帶來的影響和歐盟隨後採取的大範圍財政緊縮政策，進一步加深了普通大眾對精英決策層的不滿，間接給予了民粹主義者更大的政治空間。

英國歷史學家安德魯‧羅伯茨遺憾地指出：歐盟現在散發出的歷史氣息，正如一個已過正午、即將進入漫長的相對停滯的帝國。好在歐洲並沒有外部威脅，這要歸功於西方上一代人在冷戰中取得的勝利。出生率、國防開支、債券價格、福利開支對比財富創造，所有這些歷史學家用以衡量帝國運數的資料都顯示：歐洲氣數已盡。

的確，高昂而富裕的生活方式、健全的福利制度、以自我享受為中心的生活習氣、高失業率，導致歐盟各國人口再生產普遍不足。只有不斷擴展，才能解決勞動力不足的問題。但是，社會和政治問題所帶來的負面效應，抵消了經濟一體化進程帶來的好處。

問題首先出在經濟。歐央行日前發布的調查顯示，二〇一〇至二〇一四年間，歐元區家庭財富下降了百分之十，其中資產價格下滑是財富下降的主要原因。最窮的百分之五的家庭因債務而資產為負。不斷擴大的貧富差距強化了財富「不平等」資訊，為民粹主義者提供了相應的攻擊口實。

邱吉爾曾這樣定義民主：「什麼是民主？民主意味著當有人在早上六點敲你門的時候，你知道這是送奶人。」換言之，民主意味著確定性

和小康。如今，生活在不確定性世界，西方民主不得不受牽連。歐元區沒有統一的財政政策卻有共同的貨幣政策，這是歐債危機產生的重要體制性根源。

全球化的雙刃劍對經濟競爭力萎靡不振的歐洲表現尤為明顯，青年失業率一直停留在四分之一的高位（西班牙、義大利、希臘更高），即是明證。全球化助推了歐洲人的失落感。許多勞動者眼睜睜看著就業崗位流向海外，他們對下一代的生活持悲觀態度。據皮尤中心調查，無論是在美國還是在歐洲，百分之六十以上的選民認為其子女的處境會比他們更糟。在日漸崛起的民粹主義政治家看來，解決辦法是改弦易轍。法國國民陣線領導人勒龐等人堅稱全球化是「一種極權形式」，並主張停用歐元和加大政府干預大公司事務的力度。

冷戰結束後形成的西式全球化和美國主導的國際自由秩序走向終結。精英政治的無能和不負責任，導致全民公投盛行。當歐洲民眾被剝奪感強烈——國家主權被剝奪，自身權利被剝奪，再國家化就成為流行口號，歐洲化就成為眾矢之的，於是出現「五反」現象：反精英政治、反穆斯林、反移民、反歐洲一體化、反全球化。

數十年來，老牌的中右翼和中左翼政黨在一些西方國家分享權力，並保持了歐洲穩定。如今，來自各個陣營、難以捉摸的新政黨把他們推到了一邊。越來越多的政界人士在利用民族主義情緒和人們對經濟剝奪的憂慮，歐洲政壇的版圖和政治生態，正在經歷激烈變動。歐洲國家的政治不再是左派與右派的對立，而是對全球化敞開大門的自由主義與主張社會封閉的反自由主義的對立。

三、穆斯林移民考驗西方認同

移民、宗教、一體化交織在一起，考驗著歐洲的身分認同。自二○

一四年中東、北非的穆斯林難民大舉湧進歐洲以來，歐盟沒有迅速拿出系統的解決方案和行動，任由難民問題發展成難民危機；再加上近年法國、德國、比利時等國頻繁發生的恐怖襲擊和移民犯罪事件在歐洲公眾中引發了不安全感，民粹主義因此獲得了更強的號召力。

歐洲越來越多地將問題歸咎於移民，但事實恰恰相反。如果不考慮改變人口趨勢以及目前全歐洲對待移民的態度，歐洲就將走向慢性自殺，因為以目前的人口出生率，歐洲能夠勞動的年輕人口將越來越少，為了維持沒有勞動能力和日益老齡化人口的社會開支將越來越大。

穆斯林移民為何大規模湧入西方？根本原因在於婦女革命、工業化等帶來的低生育率，造成對外來勞動力的巨大需求，而強烈的個人主義，又導致家庭易於解體。在今天的法國，離婚率超過百分之五十，非婚生子女數量竟然超過了婚生子女。普遍的晚婚、低結婚率、同性戀婚姻的合法、養育孩子成本過高，導致西方發達國家少子化現象十分嚴重。西方的福利政策與自由開放，又鼓勵了使用同一語言的前殖民國家的人民前來。阿爾及利亞、摩洛哥、突尼斯等法語國家民眾進入歐洲，在法國、比利時法語區生活，填補了歐洲人生育率低下而社會福利奇高的漏洞，然而也給社會認同造成極大衝擊，釀成「殖民孽債」。當歐洲國家在享受婦女解放、男女平等的現代文明成果時，穆斯林婦女則在歐洲大量生孩子，通過領取生育補助金維持生活，並轉正自己的身分。

那麼，大量外來移民為何無法融入西方社會呢？近年來，從馬德里鐵路「3・11」爆炸事件、倫敦地鐵「7・7」爆炸案，到丹麥漫畫風波、挪威槍擊事件和《查理週刊》事件，這一系列暴力事件證明，伊斯蘭激進思想已經在移民人口中蔓延──有人甚至認為歐洲正在伊斯蘭化，伊斯蘭激進勢力正在從內部摧毀西方。有學者指出，二戰後的歐洲過於沉迷於文化多元主義、寬容精神和政治正確原則，致使其內部的伊斯蘭激進勢力日益坐大；苦苦奉行這些原則的歐洲各國政府和知識階層其實正

是伊斯蘭激進勢力摧毀歐洲的共犯。

德國總理默克爾、英國前首相卡梅倫先後斷言,「建立多元社會的努力失敗了」。

可以說,歐洲的穆斯林問題已成為歐洲多元社會的阿喀琉斯之踵。按照西方人權、自由的原則,穆斯林有權按照自己的宗教傳統行事。改造穆斯林,使之符合歐洲文化,這大概是一個不可能的任務。但不改造,聽之任之,隨著穆斯林人口比例增加,文明衝突的問題更大。如果有一天,歐洲穆斯林在壓力下抱團了,並組織一場跨國、泛歐洲的穆斯林政治運動,那時該怎麼辦?

在如今的開放體系下,滿足於最不壞的制度已經不夠,而應追求全球治理最有效的制度。西方應拋開傲慢與偏見,與新興國家和廣大發展中國家平等合作,共同應對人類的挑戰,並在解決全人類共同問題的過程中讓實踐檢驗各自政治制度的優劣。

第七節　防止西方過快衰落

曾經的普世價值代言人，不再把普世價值掛在嘴邊了；曾經的自由貿易代言人，不再把自由貿易掛在嘴邊了；曾經的氣候變化代言者，甚至退出了巴黎氣候變化協議……這就是我們現在看到的西方情形。德國總理默克爾日前暗示大西洋兩岸的分歧深化，表示歐洲不再能夠「完全依靠別人」，而需要「為我們自己的未來而奮鬥」。西方最後一批政治家，從施密特到科爾，紛紛離開人世，只剩下半個政治家默克爾，這就是今天的局面。公平貿易、對等接觸、獨立自主，反而成為西方的口頭禪或追求目標。西方內訌，出現一系列反全球化、反自由貿易、反多邊主義的言行，給那些視西方為主心骨的國家帶來無序感。

一句話，西方的衰落、西方的沒落、西方的墮落，開啟五百年來未有之變局。

一、西方的衰落

西方只是地方性概念，不過由於率先開啟工業化、全球化而變成全球性概念，並且由於所有國家實現工業化走的都是西方道路，而將全球化概念上升為普世性概念。亞洲「四小龍」「四小虎」，無一例外。中國工業化既是向西方開放、借鑑西方經驗的結果，也是走了一條符合自身國情的發展道路的結果，其工業化規模和成就超過歷史上以往任何先例，且沒有在工業化後實行西方的民主化，而堅持了中國共產黨領導，尤其是十八大以來形成「四個自信」、追求中國夢，讓那些自認為代表普世價值或融入普世價值的西方國家和新興國家都感到不安。歐洲近代

領先世界，時間段甚至短於中國的周朝，面對四大文明古國中唯一未被西方殖民的文明古國，通過中華民族偉大復興，正在戳穿普世價值的皇帝新衣。「名非天造，必從其實」。西方是一個地方性概念，這是不得不面對的事實。面對十億級的工業文明強勢復興，慕尼克安全會議（MSC）主席沃爾夫岡・伊辛格如此感慨：「在歐洲只有兩類國家：一類是小國，另一類是還沒有認識到自己是小國的國家。」劍橋大學學者斯蒂芬・哈爾珀也曾感慨，「正如全球化讓世界變小。中國讓西方——其價值觀、原則和標準——變小」。

二、西方的沒落

西方的沒落是德國人命題，認為英法代表的西方已經沒落，需要德國去拯救西方的沒落。德國歷史學家斯賓格勒在代表作《西方的沒落》將文化界定為精神層面，而文明為物質層面。他將世界上每一個高級文化的歷史都區分為「文化階段」與「文明階段」。他認為西方文明已經進入文明階段，喪失原有的文化創造力，只剩下對外擴張的可能性。因此，「文明是一種先發國家的自我標榜，它們以此壟斷了『善』的話語權」。就這樣，《西方的沒落》以文化解構文明，以「德意志中心論」取代「西方中心論」，成功讓德國精神上站起來。然而，今天的德國能挽救西方的沒落嗎？默克爾似乎被寄予厚望。但作為戰敗國，並且從未領導西方的德國，國內、歐洲內部遭受民粹主義和反歐勢力的抵制，國際上遭受美國打壓，顯然難當此任。

三、西方的墮落

自由、平等、博愛，曾經引領西方資產階級革命。如今，這些口號

正在壓垮西方。西方反對西方，現在的西方被過去的西方打倒。就以民主為例。「選舉扼殺了民主」。這是中國學者的觀察。如今，公投更是民主自殺。西方政客動輒搞或威脅搞全民公投，這是制度無能和領導人不負責任的表現。英國前首相卡梅倫推動英與歐盟關係舉行全民公投，本來想一了百了，沒想到玩砸了：英國人選擇了脫歐。脫歐公投也讓英國年輕人和老人、城市居民和鄉村人口之間產生了深刻、持久的裂痕，簡而言之就是全球化的受益者和受害者分別站隊了。更為糟糕的是，德蕾莎梅再次重演提前大選玩砸了的悲劇。更深層的問題是，否決機制會開始流行，社會碰到危機時，大眾會更容易聯起手來懲罰本國的領導人。由於全球化的澳大利亞飛鏢效應，金融、債務危機演變為政治、社會、價值觀危機，民主越來越呈現「壞」的一面。今天的西方民主制度很像一個被寵壞了的孩子，只是因為有祖上留下的家產，還可以繼續揮霍一下，但在這個競爭日益激烈的世界上，這種情況恐怕將越來越難以為繼。

其結果是，近年來歐洲漸感被自詡的「西方」給忽悠了。美國很少自稱「西方」而是「國際社會」，「西方」是拿來忽悠歐洲的。《西方的終結》（The End of the West）一書的出版，典型反映了這種情緒。歐盟深知，當美國成為地區強權之日，也就是歐洲在世界上邊緣化之時。

事實一再提醒我們，要告別近代，走出西方。可喜的是，中國思維方式正在超越西方，超越零和博弈，不是「敵人一天天爛下去，我們一天天好起來」，而是防止西方過快衰落。原因有三。

一、我們在跟一個西化的世界打交道。發展中國家中，包括中國之外的新興經濟體，二元性非常明顯：經濟基礎是發展中國家，政治意識形態是西方發達國家那套。西方的衰落、沒落、墮落，不能短期改變這一歷史性現象，反而讓它們失去方向感，加劇世界的動盪，不利於國際秩序穩定，不利於「一帶一路」建設。

二、中國是取經文化，難以取代西方向世界輸出中國模式。西方的制度、西方的秩序、西方的文化，仍然要支撐國際體系相當長時間，而中國崛起尚無力提供西方那樣的公共產品，必須尋求與西方的合作。

三、一個不自信的西方更可怕，更會阻止中國崛起和「一帶一路」建設。簡單唱衰西方，不僅不現實，還是不負責任的體現。中國需要歷練，如何應對一個衰落、沒落乃至墮落的西方，減少世界不確定，是中國面臨的巨大考驗。

馬克思在《政治經濟學批判》〈序言〉中指出，「無論哪一個社會形態，在它們所能容納的全部生產力發揮出來以前，是不會退出歷史舞臺的」。西方正通過追求規則導向的全球化，參與「一帶一路」，希望繼續主導全球化進程，或阻止中國主導這一進程。如果說「一帶一路」開啟的是發展導向的中式全球化，如何處理與既有西方開創的規則導向的全球化關係？很大程度上決定了「一帶一路」合作機制能走多遠，能走多快。「一帶一路」嘗試連接中外，融通古今，聚合南北，打通東西，拉開了發展導向的全球化與規則導向全球化的博弈。

中國崛起必須超越「中學為體、西學為用」的慣性思維，摒棄「復古」與「接軌」的迷思，以當年包容佛教的精神包容西方，並通過復興中華原生文明，創新人類文明而確立世界領導型國家的道統。「一帶一路」通過再造中國而再造世界，再造世界而再造中國，包容西方又超越西方，防止西方過快衰落，仍然是面臨的歷史性課題。

第八節　構建中美新型大國關係的擔當

一、新型大國關係，一個時代命題

　　新型大國關係是以相互尊重、互利共贏的合作夥伴關係為核心特徵的大國關係，是崛起國和守成大國之間處理衝突和矛盾的新方式，是中國繼和平崛起（和平發展）、和諧世界後又一重要國際思維創新。

　　新型大國關係，主要針對中美關係，不僅要防止中美間由於崛起國與守成國必然衝突的「修昔底德陷阱」帶來的硬衝突，也要防止中美間的三大「軟衝突」。

　　其一，世俗與宗教的社會對立。中國崛起，是人類歷史上唯一非宗教國家的崛起，不以西化為目標，是文明型國家的崛起，這在基督教國家中引發「中國威脅論」氾濫於世，本質上圍繞中國是否為他者、另類而展開。美國是建立在「山巔之城」信念下的新教國家，也是當今宗教化色彩最濃厚的西方大國，如何能接受一個世俗國家的崛起，事關美國人的立國之本。

　　其二，偉大復興與絕不做老二的身分對立。秉承天定命運論、美國例外論，美國擴張為全球性霸權。中國崛起對美國最大的威脅，是挑戰了美國絕不做老二的信念。中美關係的真正挑戰是中美身分衝突，即在中華民族偉大復興和美國絕不做老二信念間能否找到中間地帶，或者相互調適，形成新的身分與認同？

　　其三，社會主義與資本主義的意識形態對立。中國的崛起，是唯一

既要復興古老文明，又要復興「西方另類意識形態」──社會主義思潮的崛起。從國際共產主義運動史看，中國崛起事關世界社會主義事業之最終興衰，並集中體現為對形成中的「中國模式」的可持續發展的檢驗。美國有反共傳統，反對共產黨人的公有制和無神論。這就是為什麼歷史上美國給新中國貼上了「共產黨中國」標籤。如今，美國人要重新看待中國，定位中國，這不僅取決於精英階層，也關乎社會基層。

中國的經濟總量很可能在未來十年內超過美國，這一相當普遍的預測增加了中美需要認真理順彼此關係，防止戰略誤讀誤判的緊迫感。中美建立新型大國關係，因此成為一個時代命題。

二、新型大國關係要實現三重超越

針對中美間存在的三大軟衝突，中美新型大國關係要實現三重超越。

其一是超越「文明衝突」。中美是東西方文明最具活力的代表，能否打造二十一世紀的新型大國關係，關係到能否超越歷史上的文明衝突陷阱。中國是非宗教國家，文明型國家，而美國傳統上是基督教國家，共和黨美國人更是具有強烈的宗教意識，秉持「山巔之城」「自由燈塔」理念，很難從理念上認可中國。所幸，共和黨在美國越來越不接地氣，僵化而沒有前途，民主黨執政，在美國可能時期較長，這為充分展示美國制度韌性和美國人的實用主義精神，與中國攜手建立新型大國關係，奠定了基礎。

其二是超越零和博弈，也就是要超越「大國政治的悲劇」。進攻性現實主義理論代表人物米爾斯海默在其代表作《大國政治的悲劇》一書中指出，在一個沒有國際權威統治他國的世界裡，大國一律損人利己，追逐權力，並成為支配性國家，在此過程中大國間必然產生衝突，這就

是大國政治的悲劇，作為本書的結論，作者認為中國將是美國最大的威脅。中華民族的偉大復興並非大國擴張，而是文明復興、民族振興與國家富強的有機統一，理念上的「互利共贏」不會挑戰「美國例外論」。

其三，超越意識形態對抗，也就是超越冷戰模式。中美在二十一世紀打熱戰不可想像，打冷戰也難以想像。中美新型大國關係，必須超越歷史上的這兩種硬、軟對抗模式，實現包容共存、和而不同的發展道路。中國致力於建立人類共同價值，超越意識形態看待世界，一定程度上得到了美方的積極回應。

三、新型大國關係要求實現中國夢—美國夢的包容性發展

中國已宣示要實現中華民族偉大復興的中國夢。這是否意味著對美國夢構成挑戰，甚至排斥美國夢的實現，抵消其影響，使其黯然失色？這是美國關心的核心問題。

這就涉及中國夢的性質。中國夢是包容夢，通過實現中國夢來實現世界夢，不僅不妨礙美國夢的實現，甚至幫助實現美國夢。這就是中國領導人一再強調的，太平洋足夠大，能容納中美兩國同時發展。就其內涵而言，中國夢也與美國夢有諸多異曲同工之處。習近平主席強調，中國夢鼓勵每一個中國人都有人生出彩的機會，這與美國夢的實質是完全一致的。毋庸諱言，中國夢與美國夢是不同國情下，不同發展階段的夢想，區別是自然的。但是挖掘其共通性，將有利於促進中美相互理解、相互支持，共同致力於建設面向未來、對二十一世紀負責任的新型大國關係。

中國夢是包容夢，這不僅是中國文化的包容性決定的，也是中國實施包容性崛起戰略的體現。包容性崛起的三大支柱是實現文化、體制與

環境的三包容。

其一，兼收並蓄的包容性文化。為解決中國發展途中知識與權力的不匹配，我們必須倡導文明的兼收並蓄，強調中國夢也是世界夢，發展包容西方的戰略文化。包容西方，並非意味著就封鎖我們改革的方向，而是相互學習、借鑑，實現共同發展、和諧發展與包容發展。

其二，統籌兼顧的包容性體制。外交是內政的延伸，但在全球化時代，內政與外交日益不可分。為此，外交應超越內政制約，超越國家利益與國際社會的二分法，建構統籌內政—外交、權力—價值、利我—利他的包容性戰略體制。

其三，寬鬆和諧的包容性環境。建構包容性戰略環境關鍵是超越現代化的趕超思維，再次確認中美關係「重中之重」的地位及釐清它對內政的意義和在改革開放進程的全域意義。誇大自身實力、看低美國實力會釀成歷史的悲劇。

為了實現中國夢與美國夢的包容性發展，需解決中國與美國的利益矛盾、權力競爭、責任糾紛與價值衝突，具體內涵包括以下四個方面。

其一，利益共贏。中美在維護國際體系穩定有效、戰後國際秩序和平可持續、推動世界經濟發展等方面具有諸多共同利益，相互貿易投資、網路安全與亞太秩序等方面也存在大量共同關切或共同責任。這是中美利益共贏的基礎。

其二，權力共生。中美不僅利益而且權力高度相互依存，因此指望打造排斥對方的權力架構或機制，如TPP，都是不現實的。在亞太地區，完全可能產生中國增長的國際影響力不以犧牲美國為代價。

其三，責任共擔。中美在解決全球氣候變化、全球公域安全等領域共擔責任，肩負共同大國義務。在探索建立新興國家與發達國家間的良性互動模式上擔負共同而有區別的責任。

其四，價值共享。拋開兩國意識形態分歧，認真梳理中美價值觀，

尤其是對人類社會的設想，可以找到不少共享、共通之處。習近平主席在加州與奧巴馬總統莊園會晤時因此強調，中國夢與美國夢有諸多共通之處。

四、中美新型大國關係的擔當

中國外交對新型大國關係做出實踐貢獻，概括起來有四點。

（一）相互尊重：定調新型大國關係風格

發展中美新型大國關係，需要相互尊重。中美兩國國情不同，不可能在所有問題上都意見一致。雙方必須學會相互尊重，善於抓住「同」，把共同利益的蛋糕做大；正確對待「異」，尊重和照顧彼此利益關切。對存在的分歧，應通過對話交流，增進理解，妥善處理，以免影響中美關係大局。

（二）合作共贏：規範新型大國關係性質

作為最大的發展中國家和最大的發達國家，同時作為新興國家與霸權國家，中美兩國對國際社會肩負著特殊使命。為應對網路安全、全球治理等全人類共同面臨的挑戰，中美兩國須率先垂範，攜手合作，在亞太地區和軍事領域，尋求合作突破口，追求互利共贏的合作效果，規範新型大國關係性質。

（三）平等互信：夯實新型大國關係基礎

發展中美新型大國關係，需要相互信任。美國方面開始引用中國領導人的表態：太平洋和我們這個星球有足夠大的空間，應能容得下中美兩國和其他國家共同發展。改革開放四十年來，中國堅持和平發展，開創了一條依靠中國人民勤勞智慧、通過中國人民同各國人民合作共贏實現發展的正確道路。走和平發展道路，是中國始終不變的戰略選擇，是中國對全世界的鄭重承諾。

（四）包容互鑑：提升新型大國關係層次

發展中美新型大國關係，需要厚植友誼。國之交在於民相親。中美要積極推進兩國社會各界交流交往，讓更多人成為中美友好合作的參與者、支持者。中美人文交流高層磋商與中美戰略與經濟對話同時舉行，就是希望進一步促進中美兩國人民相互瞭解和友誼。

實現中國夢與美國夢的包容性發展，必須不斷挖掘中國文化底蘊與美國制度韌性，抓住時代本質，創造性地夯實其理論基礎——和合共生。「和」是中國傳統文化的精髓和核心價值理念，也是因為「和」代表了在全球化時代我們對人類命運的共同價值追求。「合」是中國人交往的理念，以合作精神，避免空間上、心理上和制度上的對抗，超越「文明的衝突」。「共生」強調中華民族的偉大復興不以犧牲美國的領導角色為代價，並且通過相互建構身分與認同，幫助美國適應新時代，找到新的領導角色。在權力，包括領導權上，中美完全可能找到共生之道。這既是中美之福，也是世界之福。

中美新型大國關係，前無古人，後啟來者，不僅是國際關係史上的偉大實踐，也必將創新國際關係理論，拓展我們的視野，豐富我們的認識。這就是中美新型大國關係的擔當。

第九節　中歐關係的文明擔當

「中國是一種文明，但假裝成為一個國家。」這是美國著名漢學家白魯恂的著名論斷。的確，中國夢不只同於其他國家夢，本質上是文明夢——在全球化時代實現中華文明的偉大復興、轉型與創新，引領、開創人類新文明，從而使中國成為世界領導型國家，這就是中國夢的文明內涵。

中國不可能孤立地做到這一點。中國夢離不開西方文明的發祥地——歐洲。在當今世界各種古老文明中，要麼被歐洲殖民，要麼未適應全球化。連續性強，並且實行現代化的古老文明，唯中歐文明而已。全球治理時代，不能只是依賴技術、制度創新，越來越有賴於文明的復興、轉型與創新。作為西方文明發祥地的歐洲和作為東方文明重要代表的中國，要在全球化新時代再次攜起手來，推動實現人類持久和平與共同繁榮。習近平主席的歐洲之行，開啟了東西方新一輪交流互鑑的先聲，賦予中歐關係以文明的擔當。

正如習近平主席在聯合國教科文組織演講時指出的，「實現中國夢，是物質文明和精神文明均衡發展、相互促進的結果。沒有文明的繼承和發展，沒有文化的弘揚和繁榮，就沒有中國夢的實現。中華民族的先人們早就向往人們的物質生活充實無憂、道德境界充分昇華的大同世界。中華文明歷來把人的精神生活納入人生和社會理想之中。所以，實現中國夢，是物質文明和精神文明比翼雙飛的發展過程。隨著中國經濟社會不斷發展，中華文明也必將順應時代發展煥發出更加蓬勃的生命力。」

這樣，中國夢與歐洲夢交相輝映、相得益彰，通過中歐文明對話而

實現，這又包含三個層面：文明傳承、文明交流、文明創新。如果把文明比作一座大廈，那麼文明的傳承是基石，無傳承就不會有大廈的巍然屹立；文明的交流是視窗，無交流終將錯失海闊天高的外部風景；文明的創新是鑰匙，無創新難保大廈的人來人往，基業長青。

關於文明傳承：黃河文明與地中海文明源遠流長，燦爛奪目，「傳承」是青年人的歷史使命。今天，中歐人民尤其是青年人在各自文明傳承中扮演什麼角色？中國夢與歐洲夢分別從彼此的文明汲取了什麼智慧？傳統與現代將如何碰撞並煥發生機？這些都值得中歐雙方認真思考和把握。

關於文明交流：古有「東學西漸」「西學東漸」的佳話，今有「絲綢之路經濟帶」與「海上絲綢之路」的榮光。全球化時代，「交流」是中歐兩大文明生生不息的保障。中歐青年作為文明交流中最活躍的主體，如何迎接東西互鑑的新時代？如何實現中歐民相親、心相通的理想圖景？

關於文明創新：無論是中國模式還是歐洲一體化，中歐都在走前人未走過的道路，這是中國人和歐洲人的「創新」，而「創新」恰是引領人類文明可持續發展的金鑰。中歐如何在文明傳承和交流基礎上實現文明創新？又將如何推動中歐關係登上新臺階？

這些都在開拓中歐關係的文明根基、規劃著東西互鑑新時代。在文明傳承和交流基礎上創新文明，在和平的夥伴、增長的夥伴、改革的夥伴基礎上發揮中歐作為文明夥伴的潛力，而對世界的和平與繁榮做出更大的貢獻，這是習近平主席歐洲之行賦予中歐關係文明擔當的應有之義。

第十節　周邊公共外交的文明擔當

公共外交存在外交層次——公共外交、戰略層次——戰略溝通、文明層次——文明對話等三種形態。中國周邊公共外交，尤其是東亞公共外交，應消除近代以來民眾認知的時空錯亂，亦即傳統上以中國為中心的縱向等級秩序與西方傳來的以主權國家為核心的橫向秩序之間的矛盾，著眼於通過文明對話塑造現代東亞文明意識。與此同時，中國應復興傳統文明，實現全球化時代的文明轉型，推動創新人類文明，爭取周邊國家對中國文明道統的認可，這是以「親誠惠容」為四大支柱的周邊公共外交的文明擔當。

中國的公共外交，不只是一個國家的行為，而應包括以下三個層次。

一、公共外交的三個層次

（一）外交層次：著眼於外國普通民眾，主要使命在於解釋內政與外交政策、提升國際形象、發揮和培育軟實力。這是公共外交作為外交的分內職責。對發展中國家的公共外交，比較符合這一層次，其中對外援助和正確的義利觀分別是其重點和難點。

（二）戰略層次：戰略溝通（strategic communication），著眼於外國精英，主要使命在於取得戰略理解、塑造戰略共識。和平崛起、中美建立新型大國關係是典型的戰略溝通。因為中美存在結構性矛盾，戰略互疑是關鍵，民眾認知受制於精英塑造，對美公共外交的著眼點尤其應放在戰略溝通、形成戰略認同層面。

（三）文明層次：文明的對話與交流，著眼於挖掘中外社會集體記憶與文化意識的共同點、包容性，形成和而不同、殊途同歸的社會共識。公共外交的精髓是對話（dialogue）而非告訴（inform），而對話的理念是溝通，是分享觀念，而非輸出觀念。這一點，對於周邊國家和文明古國，如歐洲與中東地區，尤其如此。對周邊公共外交的重點是文明對話，恢復東亞文明道統；對其他文明古國，則著眼於借古喻今、推動文明互鑑與和諧。

這三個層次，體現了中國公共外交的「三個世界」理論：對第一世界——美國：戰略溝通為主；對第二世界——周邊、歐洲，文明對話為主；對第三世界——發展中國家，公共外交為主。為此，可將中國公共外交圖譜歸納如下表。

層次	形態	重點	難點	對象國
外交層次	公共外交	對外援助	正確的義利觀	發展中國家
戰略層次	戰略溝通	戰略共識	減免戰略互疑	美國
文明層次	文明對話	道統、和諧	借古喻今	周邊、歐洲、中東

二、周邊公共外交的文明內涵

周邊公共外交，既具有一般中國公共外交的特性，也具有其特性，最大的特性就是文明的道統之爭。正如歐洲的「三個羅馬」之爭——西羅馬帝國（以羅馬為中心）、東羅馬帝國（以君士坦丁堡為中心）、第三羅馬帝國（以聖彼德堡為中心）爭奪羅馬帝國與基督教的道統，東亞也存在文明的道統之爭——中國認為自己是中華文明的道統繼承者，朝鮮與韓國認為滿清入關後中華文明道統轉移到了朝鮮半島，日本自稱文明道統日落於西而日出於東（故而自稱「日出之國」）。

傳統東亞文明母體──中國，被質疑不能繼承文明道統，這是中國周邊公共外交面臨的歷史困境。換句話說，梁啟超先生所謂「中國的中國、亞洲的中國、世界的中國」在脫節，這是中國周邊公共外交的主要挑戰。古人云，「正人先正己」。面對周邊國家對中國的疑慮和誤解，最好的辦法仍然是「遠人不服則修文德以來之，既來之則安之」。拿今天的話來說，就是以理服人，以文服人，以德服人。

　　文明的道統之爭反映在公共外交話語體系下，便是日韓自稱自己是民主國家（美國的盟國），按照西方橫向邏輯（民族國家思維）來解釋歷史（比如認為朝貢體系並非厚往薄來而是一種殖民體系）等。究其實質，民眾認知的時空錯亂，亦即傳統上縱向以中國為中心的等級秩序與西方傳來的橫向主權國家秩序之間的矛盾是關鍵。這就有賴於探討東亞公共外交的使命了。

三、東亞公共外交的使命

　　東亞有三怪：不是東亞國家，卻自視為東亞國家，這就是美國；是東亞國家，卻不承認自己是亞洲國家，這就是日本；是東亞國家，但民族國家統一任務尚未完成，這就是臺灣海峽兩岸和朝鮮半島仍處於分裂局面。

　　因此，東亞國際關係的癥結是國家身分問題沒有得以根本解決：中國崛起是中華民族的偉大復興嗎？日本正常化是要恢復大日本帝國榮耀？韓國的半島和平繁榮政策是要復興大韓民族主義嗎？即便各自國家將這些列為國家發展目標，但並未得到東亞區域內其他國家的認同，更沒有得到美國的承認。

　　從縱向而言，東亞國際關係的和諧，是有深厚歷史基礎現實需要的；而其不和諧，同樣是有深刻歷史背景和現實原因的。在全球化和地

區化時代背景下，各國國力此消彼長導致各自心理上的震動和失調。

中國，常常是從未來看現實——預支崛起的未來，歷史、文明優越感發酵，一些中國人有種自大感，往往以教訓口吻，督促「小日本」正視歷史；或從大歷史看現實——中國在鴉片戰爭前還是世界首屈一指的中央王國。

日本，則常常從小歷史看現實——明治維新以來，日本就成為亞洲的優等生，民主優越感與現代化優越感，往往使日本人看不起中國。現實中又以顯微鏡看中國，發現中國崛起問題多多，因而並不看好中國的未來。問題是，日本的「明治維新紅利」還能用多久？面對中國快速崛起，日本的戰略焦慮越發溢於言表。

韓國，卻常常以現實看歷史，對現實大國的舉動，常常表露其歷史的無辜——日本在靖國神社和慰安婦問題上的表現更喚起了韓民族對日本殖民歷史的回憶。韓國對中國崛起的不安，也是片面的歷史記憶在發酵。

總之，從時間維度說，中日、韓日、中韓關係的糾葛是身分問題：古代中國、現代中國；近代日本、現代日本；近代韓國、現實韓國……交織在一起，至今束縛東亞國際關係思維——或以「古代中國」藐視「現代日本」；或以「現代中國」鞭笞「近代日本」；或以「現代日本」俯視「現在中國」；或以「現實韓國」警惕「近代日本」……形成時空體系的錯亂。中日、韓日關係亂局，就亂在認識、心理沒有聚焦、沒有回歸現實。其實，中日韓三國都沒有長大：韓國沒有站起來：國家沒有統一，軍隊的戰時指揮權還在美國人手裡；日本也沒有站直，不停鞠躬；中國則常常站得太直了，以至於時常後仰，步伐不穩，助長了國際社會的「中國威脅論」。東亞國際關係糾纏於歷史和心理，是沒有自信、沒有成為自己的表現，也是東亞整體上尚未自立於國際社會的寫照。

從橫向上看，東亞國際關係並非限於雙邊、三邊範疇，而是受東亞格局左右，還有著廣闊的時代背景，折射出當今世界的矛盾。

梁啟超先生曾以「中國之中國、亞洲之中國、世界之中國」描述中國的國家訴求。其實，日本也存在「日本之日本」「亞洲之日本」「世界之日本」三層面的國家訴求，韓國也存在「韓國之韓國」「韓國之韓半島」「韓民族之東亞」多層次訴求，這些都折射出各自國家的國家情結與理想。中國人批評日本的狹隘歷史觀和民族心理，展示的是「世界之中國」風範，因為靖國神社問題、慰安婦問題昭示的是日本試圖推翻戰後體制合法性的大是大非問題。中日東海之爭，無疑是「中國之中國」對抗「日本之日本」；亞洲區域合作的中日主導權之爭，又提醒我們「亞洲之中國」與「亞洲之日本」的較量；日本「入常」問題，則寄希望於「世界之中國」與「世界之日本」的磨合；朝鮮核問題，考驗的則是「韓國之韓半島」與「韓民族之東亞」觀。

中國、韓國要真正理順中日、韓日關係，就急需調整自己的日本觀，從「日本之日本」「亞洲之日本」「世界之日本」三層面重新認識日本。日韓也要正確處理「中國之中國」「亞洲之中國」「世界之中國」關係，而非簡單概之以「中國威脅論」。對於韓國的民族統一大業，中日都應理解和支持；同樣的，對於中國的統一大業，韓日都應給予理解和支持。

中日韓關係健康發展的關鍵是要釐清中日韓戰略利益。概言之，中日韓間的戰略利益有三：相互支援各自國家訴求（中國之中國vs.日本之日本vs.韓國之韓半島），推動東亞地區合作（亞洲之中國vs.亞洲之日本vs.亞洲之韓國），維持國際體系和平穩定（世界之中國vs.世界之日本vs.世界之韓國）。中日韓戰略互惠關係的未來，就在於在這三方面進行戰略合作，面臨大的發展空間。

從世界層面看，中日韓關係離不開美國。中美日韓國家意志、目標

的重疊或矛盾之處，決定了三邊關係的未來根本走向：實現國家意志（目標）的空間手段與方式選擇——開放式合作還是針對協力廠商的結盟；實現國家意志（目標）的時間手段與輕重緩急——遠交近攻還是睦鄰、安鄰……

中國、日本、韓國和美國的關係，本為債權人與債務人的關係，中日韓間的重大共同利益之一就是同為美元資產的主要持有者，面臨著如何應對美國霸權的未來挑戰——中國全面崛起，要衝出亞洲，走向世界，最大和最後的障礙是美國霸權；日本正常化的最後障礙也是美國霸權（日美同盟）；韓國要完成半島統一，最終將處理韓美同盟和駐韓美軍問題。但是，由於中日交惡，韓日齟齬，造成美國操控中日美韓關係的局面。

反觀美國，和中國、日本一樣，美國當然存在「美國之美國」「亞洲之美國」「世界之美國」三種身分。因此，根據乘法原理，中美日三邊關係共有3×3×3＝27種模式。目前的模式是「世界的美國」聯合「亞洲的日本」對付「中國的中國」，其黏合劑是共同的價值觀，因而中國感覺到美日同盟的挑戰，對美日同盟的看法負面居多，三邊關係也是不穩定的。美日同盟修訂，希望成為「亞洲的美國」聯手「亞洲的日本」，並發展成為「世界的美國」聯手「世界的日本」來對沖、引導「亞洲的中國」局面。

東亞身分衝突，呼籲東亞成為東亞，創立東亞現代文明身分。中央周邊外交座談會提出「親誠惠容」理念，就是重要步驟。對日，是中國與世界關係的檢驗，因為日本是近代以來西學東漸的載體，也是大陸文明向海洋延伸的節點。因此，如何對待日本，是對待周邊，如何對待西方的直接檢驗。持久的文明交流，潤物細無聲，是周邊公共外交的特殊要求。

周邊公共外交，尤其是東亞公共外交，應著眼於通過文明對話塑造

現代東亞文明意識。與此同時，中國應復興傳統文明，實現全球化時代的文明轉型，推動創新人類文明，爭取周邊國家對我文明道統的認可，這是以「親誠惠容」為四大支柱的周邊公共外交的文明擔當。

第十一節　金磚合作承載國際秩序轉型的希望

二〇〇一年堪稱人類歷史的轉捩點。是年，中國加入世界貿易組織（WTO），邁向全面快速崛起之路；高盛公司首席經濟學家奧尼爾創立「金磚」概念，標誌著新興國家整體崛起。

金磚從一個投資概念走向合作機制，從四國擴大到五國，乃至形成今天中國倡導的「金磚＋」機制。一路走來，金磚國家初心不改，成為國際秩序轉型的希望。

一、轉型動力：南南合作、三個超越

金磚國家對世界經濟增長貢獻率接近一半，總量上將超過七國集團，給貿易、投資各個方面帶來了新的活力。金磚五國經濟總量占全球比重從百分之十二上升到百分之二十三，對世界經濟增長的貢獻超過百分之五十，五國間貿易投資大幅提升，在世界銀行、國際貨幣基金組織等重要國際金融機構中發言權邁上新層次。金磚合作要做新興市場國家以及發展中國家團結合作的「助推器」。習近平主席二〇一七年七月在接見金磚國家外長時指出，金磚合作是一個創新，超越了政治和軍事結盟的老套路，建立了結伴不結盟的新關係；超越了以意識形態劃線的老思維，走出了相互尊重、共同進步的新道路；超越了你輸我贏、贏者通吃的老觀念，實踐了互惠互利、合作共贏的新理念。

二、轉型路徑：價值鏈重塑、世界經濟再平衡

二○一六年，金磚國家對外投資一九七○億美元，相互間投資才占百分之五點七。為此，金磚合作強調發展戰略對接，建設貿易投資大市場、貨幣金融大流通、基礎設施大聯通，實現聯動包容發展，促進國際分工體系和全球價值鏈優化重塑。金磚合作已經超越了經濟領域，向政治、經濟、人文「三輪驅動」的方向發展，形成全範圍、寬領域、多層次的合作架構。金磚國家立足自身、放眼長遠，推進結構性改革，探尋新的增長動力和發展路徑。金磚合作以創新促增長、促轉型，加快新舊動能轉換；通過改革打破制約經濟發展的藩籬，掃清不合理的體制機制障礙，激發市場和社會活力，實現更高品質、更具韌性、更可持續的增長，並推動世界經濟的結構性改革，實現再平衡。

三、轉型方向：承前啟後、開放包容

正如習近平主席指出的，金磚國家是世界和平的維護者、國際安全秩序的建設者。金磚合作正處在承前啟後的關鍵節點上。在過去十年中，金磚國家攜手同行，成長為世界經濟的新亮點。十年中，金磚國家探索進取，謀求共同發展；務實為先，推進互利合作；敢於擔當，力求在國際舞臺上有所作為。平等相待、求同存異，務實創新、合作共贏，胸懷天下、立己達人，是金磚精神的具體體現，是金磚五國歷經十年合作凝聚的共同價值追求。金磚合作還推動落實「聯合國二○三○年可持續發展議程」，加強團結協作，共同構建開放型世界經濟，堅定支持多邊貿易體制，引導經濟全球化實現包容、普惠的發展。

展望未來，金磚合作關乎國際秩序的未來。金磚新發展銀行的成立，和亞投行一道，代表國際金融治理的新生力量，推動國際金融秩序

朝向更加均衡、普惠的方向發展。金磚銀行的成立，也是以中國式大國協調推動建立更具包容的國際秩序最新例證。

第十二節　新型國際關係的時代使命與中國擔當

　　早在二十世紀末，中國領導人在國際社會強調，把什麼樣的國際關係帶入二十一世紀，事關人類和平與發展的前景。十幾年過去了，國際社會越發動盪不安。習近平總書記就此指出：「要跟上時代前進步伐，就不能身體已進入二十一世紀，而腦袋還停留在過去，停留在殖民擴張的舊時代裡，停留在冷戰思維、零和博弈老框框內。」面對世界多極化、經濟全球化深入發展和文化多樣化、社會資訊化持續推進，今天的人類比以往任何時候都更有條件朝和平與發展的目標邁進，而合作共贏就是實現這一目標的現實途徑。

　　構建以合作共贏為核心的新型國際關係，成為十八大以來中國特色大國外交的鮮明主張。

一、時代的呼喚和世界的期待

　　新型國際關係的提出具有深刻的時代背景。世界和平與發展面臨的挑戰越來越具有全域性、綜合性和長遠性，沒有哪一國能夠獨善其身，也沒有哪一國可以包打天下，需要各國同舟共濟，攜手共進。時代背景決定了建立新型國際關係既具可能性，也具必要性。當今世界正在發生深刻複雜變化，但和平與發展仍是時代主題，和平、發展、合作、共贏的時代潮流更加強勁。一大批新興市場國家和發展中國家走上發展的快車道，十幾億、幾十億人口正在加速走向現代化，多個發展中心在世界各地區逐漸形成，國際力量對比繼續朝著有利於世界和平與發展的方向

發展。這就為走出近代西方千萬級現代化所確立的不合理、不公正、不可持續的國際準則提供了可能。同時，世界仍很不安寧，人類依然面臨諸多難題和挑戰。國際金融危機影響深遠，世界經濟增長不穩定不確定因素增多，全球發展不平衡加劇。地緣政治因素更加突出，局部動盪此起彼伏，霸權主義、強權政治和新干涉主義有所上升，非傳統安全和全球性挑戰不斷增多，維護世界和平、促進共同發展依然任重道遠。這就催促國際社會去開創有別於以往的新型國際關係。

新型國際關係的提出基於深厚的文化與外交傳統。中華文明博大精深的立身處世之道則對「合作共贏」觀念提供了支撐。「中國人在兩千多年前就認識到『國雖大，好戰必亡』的道理。中國人民崇尚『己所不欲，勿施於人』，中國不認同『國強必霸論』……」二〇一五年九月，習近平主席在第七十屆聯合國大會一般性辯論時說：「中國將始終做國際秩序的維護者，堅持走合作發展的道路。中國是第一個在《聯合國憲章》上簽字的國家，將繼續維護以《聯合國憲章》宗旨和原則為核心的國際秩序和國際體系。」新中國成立時，天安門城樓上便書寫「世界人民大團結萬歲」的標語。其後，中國倡導和踐行和平共處五項基本原則，在國際社會吹起一股清風。二〇一四年六月，習近平主席在和平共處五項原則發表六十周年紀念大會上發表主旨講話時指出，和平共處五項原則精闢體現了新型國際關係的本質特徵，是一個相互聯繫、相輔相成、不可分割的統一體，適用於各種社會制度、發展水準、體量規模國家之間的關係。

新型國際關係的提出順應了世界期待。作為文明型國家，中國肩負著告別近代、走出西方的世界期待。英國歷史學家湯因比在其鴻篇巨制《歷史研究》中早就預言——中國有可能自覺地把西方更靈活也更激烈的火力，與自身保守的、穩定的傳統文化熔於一爐。如果這種有意識、有節制地進行的恰當融合取得成功，其結果可能為文明的人類提供一個

全新的文化起點。新型國際關係，就是二十一世紀新的文化起點。

二、聚焦世界和平與發展

　　新型國際關係是關於和平、發展、合作、共贏的系統主張。

　　習近平總書記指出，黨的十八大明確提出了「兩個一百年」的奮鬥目標，我們還明確提出了實現中華民族偉大復興的中國夢的奮鬥目標。實現我們的奮鬥目標，必須有和平國際環境。沒有和平，中國和世界都不可能順利發展；沒有發展，中國和世界也不可能有持久和平。只有堅持走和平發展道路，只有同世界各國一道維護世界和平，中國才能實現自己的目標，才能為世界做出更大貢獻。

　　我們的事業是同世界各國合作共贏的事業。中國的和平發展既為世界的和平發展提供了動力，也離不開世界的和平發展。新型國際關係以「五新」聚焦於世界的和平與發展。

　　新思想：合作共贏。新型國際關係的核心思想是合作共贏。各國人民應該一起來維護世界和平、促進共同發展。各國和各國人民應該共同享受尊嚴、共同享受發展成果、共同享受安全保障。要堅持國家不分大小、強弱、貧富一律平等，尊重各國人民自主選擇發展道路的權利，反對干涉別國內政，維護國際公平正義。各國要共同維護世界和平，以和平促進發展，以發展鞏固和平。每個國家在謀求自身發展的同時，要積極促進其他各國共同發展。不能把世界長期發展建立在一批國家越來越富裕而另一批國家卻長期貧窮落後的基礎之上。各國要同心協力，妥善應對各種問題和挑戰，共同變壓力為動力、化危機為生機，謀求合作安全、集體安全、共同安全，以合作取代對抗，以共贏取代獨佔。

　　新模式：夥伴關係。世界各國一律平等，不能以大壓小、以強凌弱、以富欺貧；要堅持多邊主義，建設全球夥伴關係，走出一條「對話

而不對抗、結伴而不結盟」的國與國交往新路。正是秉持這一理念，中國與七十多個國家、五個地區或區域組織建立起不同形式的夥伴關係。隨著「一帶一路」建設的推進，將來還將建立形式多樣的地方（城市）夥伴關係。

新目標：人類命運共同體。人類生活在同一個地球村，各國相互聯繫、相互依存、相互合作、相互促進的程度空前加深，國際社會日益成為一個你中有我、我中有你的命運共同體。打造人類命運共同體，要建立平等相待、互商互諒的夥伴關係，營造公道正義、共建共享的安全格局，謀求開放創新、包容互惠的發展前景，促進和而不同、兼收並蓄的文明交流，構築尊崇自然、綠色發展的生態體系。

新任務：推進全球治理體系變革。中國是現行國際體系的參與者、建設者、貢獻者，是國際合作的倡導者和國際多邊主義的積極參與者。要推動全球治理理念創新發展，積極發掘中華文化中積極的處世之道和治理理念同當今時代的共鳴點，努力為完善全球治理貢獻中國智慧、中國力量。

新倡議：共建「一帶一路」。「一帶一路」倡議是發展的倡議、合作的倡議、開放的倡議，強調的是共商、共建、共享的平等互利方式，追求的是沿線各國政策溝通、設施聯通、貿易暢通、資金融通、民心相通。「一帶一路」超越了近代殖民體系與戰後霸權體系，秉承共商（集思廣益——利益共同體）、共建（群策群力——責任共同體）、共享（人民受惠——命運共同體）原則，倡導「團結互信、平等互利、包容互鑑、合作共贏」絲路精神，集中體現合作共贏的新型國際關係，開創二十一世紀國際與地區合作新模式，共同打造開放、包容、均衡、普惠的區域合作架構，得到了七十多個沿線國家和國際組織的熱烈回應，引發廣泛而深遠的國際效應。「一帶一路」是共贏的，將給沿線各國人民帶來實實在在的利益，將為中國和沿線國家共同發展帶來巨大機遇。「一

帶一路」追求的是百花齊放的大利，不是一枝獨秀的小利。這條路不是某一方的私家小路，而是大家攜手前進的陽光大道。美國諮詢公司麥肯錫的研究顯示，「一帶一路」將給為全球經濟增長貢獻百分之八十的地區的經濟帶來提升，並且有望於二〇五〇年前將三十億人口帶入中產階級行列。

三、修正現代化、全球化負面效應

新型國際關係在和平與發展領域的表現，要樹立共同、綜合、合作、可持續安全的新觀念，充分發揮聯合國及其安理會的核心作用，堅持通過對話協商和平解決分歧爭端。推進各國經濟全方位互聯互通和良性互動，完善全球經濟金融治理，減少全球發展不平等、不平衡現象，修正現代化、全球化負面效應，使各國人民公平享有世界經濟增長帶來的利益。促進不同文明、不同發展模式交流對話，在競爭比較中取長補短，在交流互鑑中共同發展。解決好工業文明帶來的矛盾，以人與自然和諧相處為目標，實現世界的可持續發展和人的全面發展，創造一個各盡所能、合作共贏、奉行法治、公平正義、包容互鑑、共同發展的未來。

傳統領域如此，新領域也如此。無論是傳統思維裡把互聯網當作技術、產業、平臺載體抑或生產—生活—思維模式，都是因互聯網而思考的，較少考慮到非網民的感受。只有將互聯網當作基礎設施，讓互聯網發展成果惠及十三億多中國人民，更好造福各國人民，才能告別互聯網讓「強者更強、弱者更弱；富者更富、窮者更窮；智者更智、愚者更愚」的局面。為回應國際社會期待，中國通過「一帶一路」大力推進互聯網基礎設施建設，消除「資訊壁壘」，縮小「數位鴻溝」，讓資訊資源充分湧流，讓更多發展中國家和人民通過互聯網掌握資訊、獲取知

識、創造財富，過上更加幸福美好的生活。習近平主席在第二屆烏鎮世界互聯網大會主旨演講中指出，網路空間是人類共同的活動空間，網路空間前途命運應由世界各國共同掌握。各國應該加強溝通、擴大共識、深化合作，共同構建網路空間命運共同體。中國是社會主義國家，又是東方文明古國，要推動世界非網民不僅搭上資訊革命快車，且有望實現彎道超車，將互聯網打造為人類的共同家園，就是新型國際關係在網路空間領域的體現。

四、多層面體現新型大國關係

新型大國關係具有豐富的實踐基礎，並體現於大國關係、周邊關係、發展中國家關係以及多邊外交實踐各個環節。

大國是影響世界和平的決定性力量。切實運籌好大國關係、構建健康穩定的大國關係框架至關重要。新型大國關係發軔於中俄全面戰略協作夥伴關係，成長與中歐全面戰略夥伴關係，而落腳於中美新型大國關係。中美新型大國關係是建立新型國際關係的集中檢驗。中美建立「不衝突、不對抗、相互尊重、合作共贏」的新型大國關係，成為中國特色大國外交的鮮明主張，引發廣泛國際反響。其中，不衝突、不對抗是起點和目標，相互尊重是原則，合作共贏是路徑。儘管中美之間存在各種各樣的問題，但加強對話、發展合作、管控分歧的過程中，中美新型大國關係建設總體上在不斷推進。只要我們堅定信念，久久為功、持之以恆，必將成功。

周邊是中國安身立命之所，發展繁榮之基。中國周邊外交的基本方針，就是堅持與鄰為善、以鄰為伴，堅持睦鄰、安鄰、富鄰，突出體現親、誠、惠、容的理念。「一帶一路」建設賦予周邊關係以新的活力。

廣大發展中國家是中國走和平發展道路的同路人。中國雖然取得巨

大發展成就，但仍然是發展中國家。要堅持正確義利觀，做到義利兼顧，以義為先，切實加強同發展中國家的團結合作，把中國發展與廣大發展中國家共同發展緊密聯繫起來。中非歷來是休戚與共的利益共同體和命運共同體，加強同非洲國家的團結合作是中國長期堅持的戰略選擇，對非合作要講「真、實、親、誠」。非洲、拉美加勒比地區外交，也同樣須貫徹正確的義利觀。

中國積極倡導和踐行多邊主義。積極參與多邊事務，高度重視聯合國的作用，支持二十國集團、上海合作組織、金磚國家等發揮積極作用。推動亞洲相互協作與信任措施會議為亞洲安全發揮更大作用，搭建地區安全和合作新架構。「一帶一路」倡導新多邊主義。

五、服務中華民族偉大復興的中國夢

新型國際關係聚焦於世界的和平與發展，服務於中華民族偉大復興的中國夢。

習近平總書記指出：「我們參與全球治理的根本目的，就是服從服務於實現『兩個一百年』奮鬥目標、實現中華民族偉大復興的中國夢。要審時度勢，努力抓住機遇，妥善應對挑戰，統籌國內國際兩個大局，推動全球治理體制向著更加公正合理方向發展，為中國發展和世界和平創造更加有利的條件。」

當然，中國夢是與世界各國人民追求美好生活的夢想相通。

中國將高舉和平、發展、合作、共贏的旗幟，牢牢把握堅持和平發展、促進民族復興這條主線，維護國家主權、安全、發展利益，為和平發展營造良好的國際環境。中國將加強同各國人民友好往來，擴大同世界各國利益交會點，為促進人類和平與發展的崇高事業做出積極貢獻。

中國擁有多重身分：最大發展中國家、最大新興國家、第二大經濟

體、社會主義東方國家。這種身分優勢也賦予我在國際體系中扮演橋梁和紐帶角色。堅持從中國國情出發，堅持權利和義務相平衡，不僅要看到中國發展對世界的要求，也要看到國際社會對中國的期待。堅持發展中國家定位，把維護中國利益同維護廣大發展中國家共同利益結合起來。保持開放、透明、包容姿態，同二十國集團各成員加強溝通和協調，共同把二十國集團維護好、建設好、發展好，促使二十國集團順利完成從危機應對機制向長效治理機制轉變，鞏固作為全球經濟治理主要平臺的地位，是建立新型國際關係的中國期待。

俗話說，名不正則言不順。新型國際關係超越國際關係之術，關注國際關係之道，鮮明體現了中國外交的傳統智慧與天下情懷，是中國作為世界新的領導型國家的鮮明特色和二十一世紀的時代呼喚。

六、中國擔當，提供公共產品

在經濟層面，未來十年，「一帶一路」將帶來的新增貿易量可能超過二點五萬億美元，這給經濟全球化帶來新動能。在制度層面，中國發起成立絲路基金、亞洲基礎設施投資銀行等新型多邊金融機構，促成國際貨幣基金組織完成份額和治理機制改革。在精神層面，「一帶一路」倡議、新型國際關係、人類命運共同體思想，繼承和弘揚《聯合國憲章》宗旨和原則，形成積極意義上的「命運相連，休戚與共」。「一帶一路」倡議就是要超越國家的狹隘、利益的差異，建設相互尊重、公平正義、合作共贏的新型國際關係，構建人類命運共同體，建設「持久和平、普遍安全、共同繁榮、開放包容、清潔美麗」的世界。

當前，人類社會處於一個新起點上，世界是走向開放、包容，還是走向封閉、狹隘，這是二十一世紀之問。各國應抓住歷史機遇，做出正確選擇，共同開創人類更加光明的未來。

第十三節　開放性世界經濟的中國擔當

習近平主席出席二十國集團領導人杭州峰會並致開幕詞時指出，讓世界經濟走上強勁、可持續、平衡、包容增長之路。這是中國基於國內五大發展理念提出的全球化倡議，體現了中國智慧和中國擔當，也在證實中國倡議具備世界引導力。

中國「十三五」規劃提出的「創新、協調、綠色、開放、共享」發展理念可謂「源於中國而屬於世界」。其中「開放發展」可謂貫徹中國改革開放的全過程，是最鮮明的中國發展理念，對世界產生了廣泛而深遠的影響。中國的開放正在推進世界的開放。

在世界掀起反全球化浪潮的今天，推進世界經濟的開放發展，推進包容性全球化，歷史重擔落在中國頭上，G20峰會吹響了世界經濟創新、活力、聯動、包容發展的號角。

中共中央《關於制定國民經濟和社會發展第十三個五年規劃的建議》提出，「開放是國家繁榮發展的必由之路。必須順應中國經濟深度融入世界經濟的趨勢，奉行互利共贏的開放戰略，堅持內外需協調、進出口平衡、引進來和走出去並重、引資和引技引智並舉，發展更高層次的開放型經濟，積極參與全球經濟治理和公共產品供給，提高中國在全球經濟治理中的制度性話語權，構建廣泛的利益共同體。」

這段話深刻揭示了中國開放發展的內在邏輯。

一、開放的定位：開放是國家繁榮發展的必由之路。因此，要從被動開放到主動開放，順應經濟深度融入世界經濟的趨勢，奉行互利共贏的開放戰略。建議強調，開創對外開放新局面，必須豐富對外開放內

涵，提高對外開放水準，協同推進戰略互信、經貿合作、人文交流，努力形成深度融合的互利合作格局。為此要完善對外開放戰略布局。推進雙向開放，促進國內國際要素有序流動、資源高效配置、市場深度融合；完善對外開放區域布局，加強內陸沿邊地區口岸和基礎設施建設，開闢跨境多式聯運交通走廊，發展外向型產業集群，形成各有側重的對外開放基地。支援沿海地區全面參與全球經濟合作和競爭，培育有全球影響力的先進製造基地和經濟區。提高邊境經濟合作區、跨境經濟合作區發展水準；加快對外貿易優化升級，從貿易大國邁向貿易強國。完善對外貿易布局，創新外貿發展模式，加強行銷和售後服務網路建設，提高傳統優勢產品競爭力，鞏固出口市場份額，推動外貿向優質優價、優進優出轉變，壯大裝備製造等新的出口主導產業。發展服務貿易。實行積極的進口政策，向全球擴大市場開放；完善投資布局，擴大開放領域，放寬準入限制，積極有效引進境外資金和先進技術。支援企業擴大對外投資，推動裝備、技術、標準、服務走出去，深度融入全球產業鏈、價值鏈、物流鏈，建設一批大宗商品境外生產基地，培育一批跨國企業。積極搭建國際產能和裝備製造合作金融服務平臺。

二、開放的方式：堅持內外需協調、進出口平衡、引進來和走出去並重、引資和引技引智並舉，發展更高層次的開放型經濟。建議強調，形成對外開放新體制。完善法治化、國際化、便利化的營商環境，健全有利於合作共贏並同國際貿易投資規則相適應的體制機制。建立便利跨境電子商務等新型貿易方式的體制，健全服務貿易促進體系，全面實施單一視窗和通關一體化。提高自由貿易試驗區建設品質，在更大範圍推廣複製。全面實行準入前國民待遇加負面清單管理制度，促進內外資企業一視同仁、公平競爭。完善境外投資管理，健全對外投資促進政策和服務體系。有序擴大服務業對外開放，擴大銀行、保險、證券、養老等市場準入。擴大金融業雙向開放。有序實現人民幣資本項目可兌換，推

動人民幣加入特別提款權，成為可兌換、可自由使用貨幣。轉變外匯管理和使用方式，從正面清單轉變為負面清單。放寬境外投資匯兌限制，放寬企業和個人外匯管理要求，放寬跨國公司資金境外運作限制。加強國際收支監測，保持國際收支基本平衡。推進資本市場雙向開放，改進並逐步取消境內外投資額度限制。推動同更多國家簽署高標準雙邊投資協定、司法協助協定，爭取同更多國家互免或簡化簽證手續。構建海外利益保護體系。完善反洗錢、反恐怖融資、反逃稅監管措施，完善風險防範體制機制。

三、開放的目標：積極參與全球經濟治理和公共產品供給，提高中國在全球經濟治理中的制度性話語權，構建廣泛的利益共同體。建議強調，積極參與全球經濟治理。推動國際經濟治理體系改革完善，積極引導全球經濟議程，促進國際經濟秩序朝著平等公正、合作共贏的方向發展。加強宏觀經濟政策國際協調，促進全球經濟平衡、金融安全、經濟穩定增長。積極參與網路、深海、極地、空天等新領域國際規則制定。推動多邊貿易談判進程，促進多邊貿易體制均衡、共贏、包容發展，形成公正、合理、透明的國際經貿規則體系。支持發展中國家平等參與全球經濟治理，促進國際貨幣體系和國際金融監管改革。加快實施自由貿易區戰略，推進區域全面經濟夥伴關係協定談判，推進亞太自由貿易區建設，致力於形成面向全球的高標準自由貿易區網路。積極承擔國際責任和義務。堅持共同但有區別的責任原則、公平原則、各自能力原則，積極參與應對全球氣候變化談判，落實減排承諾。擴大對外援助規模，完善對外援助方式，為發展中國家提供更多免費的人力資源、發展規劃、經濟政策等方面諮詢培訓，擴大科技教育、醫療衛生、防災減災、環境治理、野生動植物保護、減貧等領域對外合作和援助，加大人道主義援助力度。主動參與二〇三〇年可持續發展議程。維護國際公共安全，反對一切形式的恐怖主義，積極支持並參與聯合國維和行動，加強

防擴散國際合作，參與管控熱點敏感問題，共同維護國際通道安全。加強多邊和雙邊協調，參與維護全球網路安全。推動國際反腐敗合作。

中國對開放發展的認識與實踐，經歷了近代以來的艱難探索，經歷了從被動開放到主動開放，從開放式發展到發展式開放，從開放促改革到改革促開放的態勢轉變，在這一過程中也積累了豐富的開放發展經驗，成為大國崛起以及全球化的寶貴案例。

鴉片戰爭以來，「落後就要挨打」是我們從近代屈辱史中得出的主要結論。其實，不開放才是挨打的緣由。自給自足的小農經濟遭遇開放的工業文明，旋即敗北。經過革命先烈艱苦奮鬥，我們終於找到了一條符合中國國情的發展道路，走向了通過改革開放的現代化路徑實現中華民族偉大復興的光輝歷程。

從「睜眼看世界」一直到改革開放，中國都希望融進世界主流。中國現在要解決缺乏結構性權力的難題。在國際上，中國最缺的結構性權力是話語權。一是中國沒有大宗商品定價權。中國買什麼，什麼就漲價。中國購買澳大利亞百分之九十的鐵礦石，但是它的價格漲多少倍，中國沒有一點發言權。二是中國不能決定產品的品質標準。低碳、歐Ⅲ、歐Ⅳ的排放標準都不在中國手裡，這不行。我們生產的東西，最後不符合它的標準，就得重新改造，這會造成巨大的浪費。三是中國缺乏貿易投資規則的制定權。中國是世界上第一大貿易國家，這個規則制定權竟然不在我們手裡！中國只有佔領更大的市場，自己的標準才會成為世界的標準。所以，中國要把數量的優勢變成品質的優勢，變成結構性的權利。一方面要跟歐洲、美國、日本等先進國家競爭，搞「中國製造2020」，彎道超車；另一方面要搞互補合作，著眼於更需要中國資金、技術的「一帶一路」沿線國家，變道超車。中國不是被動地加入全球化，而是要創造一個新的全球化體系。

為了更好把握中國開放發展的新態勢，中央全面深化改革領導小組

第十八次會議強調，加快實施自由貿易區戰略，綜合運用國內國際兩個市場、兩種資源，堅持與推進共建「一帶一路」和國家對外戰略緊密銜接，逐步構築起立足周邊、輻射「一帶一路」、面向全球的高標準自由貿易區網路。

其中，「一帶一路」倡議可謂中國開放發展的神來之筆，將兩千多年來東西方貿易、文化交流之路啟動，鼓勵共同現代化與文明復興，引發國際社會廣泛回應。建議指出，推進「一帶一路」建設。秉持親誠惠容，堅持共商共建共享原則，完善雙邊和多邊合作機制，以企業為主體，實行市場化運作，推進同有關國家和地區多領域互利共贏的務實合作，打造陸海內外聯動、東西雙向開放的全面開放新格局。推進基礎設施互聯互通和國際大通道建設，共同建設國際經濟合作走廊。加強能源資源合作，提高就地加工轉化率。共建境外產業集聚區，推動建立當地產業體系，廣泛開展教育、科技、文化、旅遊、衛生、環保等領域合作，造福當地民眾。加強同國際金融機構合作，參與亞洲基礎設施投資銀行、金磚國家新開發銀行建設，發揮絲路基金作用，吸引國際資金共建開放多元共贏的金融合作平臺。

二〇一三年九月，中國國家主席習近平訪問哈薩克，在哈薩克納紥爾巴耶夫大學發表的題為《弘揚人民友誼共創美好未來》重要演講。在演講中，習近平主席指出，「為了使歐亞各國經濟聯繫更加緊密、相互合作更加深入、發展空間更加廣闊，我們可以用創新的合作模式，共同建設『絲綢之路經濟帶』，以點帶面，從線到片，逐步形成區域大合作。」[1]由此，中國建設「絲綢之路經濟帶」的戰略構想首次被提出。

二〇一三年十月，在出席亞太經合組織（APEC）領導人非正式會

1　《共同譜寫中國印尼關系新篇章 攜手開創中國—東盟命運共同體美好未來》，《人民日報》，2013年10月4日第1版。

議期間，習近平主席提出，東南亞地區自古以來就是「海上絲綢之路」的重要樞紐，中國願同東盟國家加強海上合作，使用好中國政府設立的中國—東盟海上合作基金，發展好海洋合作夥伴關係，共同建設二十一世紀「海上絲綢之路」。[2]

「絲綢之路經濟帶」與「二十一世紀海上絲綢之路」（簡稱「一帶一路」）成為二十一世紀聯繫亞非歐的政策、貿易、設施、資金、人心通暢的跨地區合作模式，它既超越古代絲綢之路，也超越美國在戰後初期推行的馬歇爾計劃，具有二十一世紀融通中國夢與世界夢的未來擔當。拿國家發展改革委員會、外交部、商務部二〇一五年三月二十八日聯合發布的《推動共建絲綢之路經濟帶和21世紀海上絲綢之路的願景與行動》的話來說就是，「共建『一帶一路』旨在促進經濟要素有序自由流動、資源高效配置和市場深度融合，推動沿線各國實現經濟政策協調，開展更大範圍、更高水準、更深層次的區域合作，共同打造開放、包容、均衡、普惠的區域經濟合作架構。」

「絲綢之路經濟帶」戰略分為三條線路：即以亞歐大陸橋為主的北線（北京—俄羅斯—德國—北歐）、以石油天然氣管道為主的中線（北京—西安—烏魯木齊—阿富汗—哈薩克—匈牙利—巴黎）、以跨國公路為主的南線（北京—南疆—巴基斯坦—伊朗—伊拉克—土耳其—義大利—西班牙）。

絲綢之路經濟帶重點暢通中國經中亞、俄羅斯至歐洲（波羅的海）；中國經中亞、西亞至波斯灣、地中海；中國至東南亞、南亞、印度洋。中巴、孟中印緬、新亞歐大陸橋以及中蒙俄等經濟走廊基本構成絲綢之路經濟帶的陸地骨架。其中，中巴經濟走廊注重石油運輸，孟中印緬強

2　《共同譜寫中國印尼關系新篇章 攜手開創中國—東盟命運共同體美好未來》，《人民日報》，2013年10月4日第1版。

調與東盟貿易往來，新亞歐大陸橋是中國直通歐洲的物流主通道，中蒙俄經濟走廊偏重國家安全與能源開發。

而「二十一世紀海上絲綢之路」則以泉州等地為起點，橫跨太平洋、印度洋，歷經南海、麻六甲海峽、孟加拉灣、阿拉伯海、亞丁灣、波斯灣，涉及東盟、南亞、西亞、東北非等相關國家，重點方向是從中國沿海港口過南海到印度洋，延伸至歐洲；從中國沿海港口過南海到南太平洋。絲綢之路經濟帶是在「古絲綢之路」概念基礎上形成的一個新的經濟發展區域。絲綢之路經濟帶首先是一個「經濟帶」概念，體現的是經濟帶上各城市集中協調發展的思路。絲綢之路沿線大部分國家處在兩個引擎之間的「塌陷地帶」，整個區域存在「兩邊高，中間低」的現象，發展經濟與追求美好生活是本地區國家與民眾的普遍訴求。這方面的需求與兩大經濟引擎通聯的需求疊加在一起，共同構築了絲綢之路經濟帶的國際戰略基礎。

總體上，「一帶一路」建設構成了中國全方位對外開放的戰略新格局和周邊外交新框架。

「一帶一路」翻開對外開放歷史新篇章。

從開放的內涵上來講：「引進來」轉向「走出去」，引進來和走出去更好結合，培育參與和引領國際經濟合作競爭新優勢，以開放促改革；從開放的廣度上來講：為發展中國西部地區，實施向西、向南開放的戰略，形成全方位開放新格局；從開放的深度上來講，順應世界區域經濟一體化發展趨勢，以周邊為基礎加快實施自由貿易區戰略，實現商品、資本和勞動力的自由流動。

「一帶一路」首先是一個歐亞地區交通網絡：由鐵路、公路、航空、航海、油氣管道、輸電線路和通信網路組成的綜合性立體互聯互通的交通網絡。沿這些交通線路將會逐漸形成為這些網路服務的和相關的產業集群，由此通過產業集聚和輻射效應形成建築業、冶金、能源、金

融、通信、物流、旅遊等綜合發展的經濟走廊。這個交通網絡將作為世界經濟引擎的亞太地區與世界最大經濟體歐盟聯繫起來——世界最長經濟走廊，給歐亞大陸帶來新的空間和機會，並形成東亞、西亞和南亞經濟輻射區。推進貿易投資便利化，深化經濟技術合作，建立自由貿易區，最終形成歐亞大市場，是兩條絲綢之路建設的基本方向和目標。對域內貿易和生產要素進行優化配置，促進區域經濟一體化，實現區域經濟和社會同步發展。亞歐大陸自貿區或歐亞大市場的形成，對當前世界經濟版圖產生重要影響，促進新的全球政治經濟秩序的形成。

「一帶一路」不是企業「走出去」，是「走進去」——你的產品、服務、理念，甚至你的發展模式要到「一帶一路」沿線國家去落地生根，跟當地國家的發展專案相結合。有的國家需要基礎設施，有的國家需要貸款，有的國家需要教育——它首先需要什麼你就給他提供什麼。「一帶一路」強調「五通」。「五通」裡的主要理念是共商、共建、共享。一定要共商，不要強迫，要一起建設，使對方有成就感。小米手機發展這麼快，就因為消費者也是創造者。一起建設，一起維護，才能在安全上建立互信，最終形成一個命運共同體。相關服務也要「走進去」，要適應當地的民俗、宗教，用當地人所希望的形式「落地生根」，不再是簡單地「走出去」，超越了原來意義上的改革開放。這是中國從被全球化到塑造全球化的態勢轉變。

如果用一個詞來概括，「一帶一路」就是互聯互通。「五通」——政策通、設施通、貿易通、資金通、人心通——不是一般的互聯互通。這「五通」的能量很強大。簡單說來，中國以前主要是跟歐美發達國家互通，與其接軌的主要是沿海地區，現在內陸地區也要開放，而且不僅是中國向「一帶一路」沿線國家開放，它們也要向中國開放。二〇一二年，中國對歐洲的投資已經超過歐洲對中國的投資了。「一帶一路」沿線的亞非拉國家對中國的資金、技術的需求就像當年中國對發達國家的

需求一樣。

互聯互通，「聯」的是什麼？以前「聯」的都是「鐵公機」，現在是「天電網，陸海空」。什麼叫「天」？北斗全球導航。這意味著中國可以在非洲、歐洲鑽隧道、修鐵路了。以前是靠GPS，北斗比GPS還要強大，GPS是要靠網路的，中國的北斗不靠網路，很多國家沒有網路，照樣可以用北斗。「電」是電子商務。以後產業的競爭力不在於量化生產，而在於個性化打造，這樣才能佔領高端市場。「網」是互聯網。中國有七點五一億網民，是美國人口的三倍以上。世界上只有四個國家有自己的搜尋引擎——美國、中國、俄羅斯和韓國，歐洲國家都沒有自己的搜尋引擎。還有「陸海空」。地球上百分之七十一的面積都是被海洋覆蓋的，而人類對海洋的認識僅停留在海平面，海底世界基本上是零。海平面已經被西方人用得差不多了，中國在海底世界方面才有先發優勢。誰贏得了海洋誰就真正贏得了世界。

「一帶一路」與長江經濟帶、京津冀一體化、四個自貿區一道，構成中國全方位開放格局。以「一帶一路」倡議為標誌，中國的開放發展邏輯在升級：以改革促開放，以開放促改革，到改革開放均有自己的邏輯：改革是治理能力與治理體系現代化，提升制度比較優勢；開放是贏得市場，提升話語權。開放發展，是中華民族兼收並蓄、融會貫通傳統的時代繼續。向人類一切優秀文明成果學習，包容互鑑，實現中華民族永續發展，是中國通過開放發展永保生機與活力的祕訣。從中國向世界開放，到世界向中國開放，從東學西漸到西學東漸，如今是東西互鑑、南北包容，中國的開放觀在不斷升級；從發展為了振興中華、偉大復興，到發展中國也是發展世界，為國際社會提供更多、更好的公共產品，體現中國的大國責任，中國的發展觀也在升級換代。

第十四節　中國改革呈現世界意義

　　自一個世紀前孫中山先生感嘆「世界大勢，浩浩蕩蕩，順之者昌，逆之者亡」，到四十年前鄧小平同志斷言「不改革開放死路一條」，改革已成為中國融入主流國際社會、抓住全球化機遇來釋放制度活力和人民創造力的不二選擇，也成為世界觀察中國的視窗。中國改革，通俗地說就是圍繞「太陽」公轉。這個「太陽」就是世界大勢，現在講就是全球化。

　　如今，這種情形正在發生改變。全球化不再是一個既定條件，本身具有不確定性。經過四十年的改革開放，中國獲得了改革的原動力，從被迫改革到自覺改革轉變，從融入全球化到塑造全球化轉變。換言之，中國成為世界的引數而非因變數。許多國家的政策取決於中國如何作為，是對中國影響力的一種回應。中國改革不僅在解決中國問題，也在解決世界性問題。中國改革的世界意義日益顯現。

　　中共十八屆三中全會提出全面深化改革的宏偉藍圖，讓世界充滿期待和羨慕——當今世界能提出並大力度實施全面改革的，唯中國而已。十八屆四中全會又提出全面推進依法治國路線圖，將改革進程合法化和不可逆。新一代中國共產黨領導人向國內外充分展示了中國改革的自信與自覺。種種情形表明，改革的目的早已不是當初認為的與國際接軌或轉型，而是具有多重內涵；必須對改革本身做更深入、本質的探討，必須超越國內—國際兩重性考察改革的世界意義。

一、通過解決中國問題而解決世界問題

　　為何要改革？過去我們長期以為改革是融入國際主流社會的不二選擇，並常常標以「轉型」「接軌」的字眼。實際上，中國改革是因要解決中國面臨的各種問題而產生的，中國崛起則是解決這些問題自然而然的結果。在「兩個一百年」「三步走」的奮鬥目標和路線圖下，改革是手段而非目的。

　　在新的時代，為何還要繼續改革？改革的原動力何在？改革起初是為解決中國問題而推動，改革本身也帶來新的問題。如何正確認識「中國問題」，成為進一步釐清改革思路的關鍵。早在一九二二年，英國哲學家羅素在考察中國後出版《中國問題》一書，英文名稱是「The Problem of China」，也就是中國本身就是個問題。當今，改革要解決的是「中國的問題」（「Problems in China」），即發生在中國而不限於中國的問題，因為中國所面臨的問題，既屬於中國，也屬於世界。解決中國問題，已經成為解決世界問題的一部分。

　　中國面臨著什麼問題？從霧霾、腐敗到社會誠信下滑，凡此種種，除了快速的工業化和現代化帶來的問題，比如環境污染、資源短缺等，現在遇到的更多是大多數國家目前都遇到的困難，這是全球化造成的。比如全球經濟不景氣、全球氣候變化、網路安全問題等。一百七十年以來，中國第一次和西方站在同一條起跑線上，過去一直是中國解決自身的問題——民族獨立、國家富強等，西方解決他們自身的問題——經濟危機、黨同伐異。但是現在我們和其他國家面臨著越來越多相同的問題，這是過去從來沒有過的。

　　由於中國問題本身包含世界問題，解決中國問題的改革也包含著解決世界問題的借鑑，其意義已經超越了國內事務本身。例如，李克強總理指出，中國醫改是用中國方式解決世界性難題。這形象地表達了中國

改革的世界意義。當今世界，改革不再是中國的事情，也是其他國家共同的事業。「改革的夥伴」成為中歐四大夥伴之一，是最新的例證。

的確，改革是各國均面臨的任務，不僅中國在全面深化改革，美國在改革醫療保障制度、移民制度，歐盟在改革社會福利制度等，中歐在打造改革的夥伴。改革並探索更好的治理制度成為新的世界潮流。

十八屆三中全會通過的《關於全面深化改革若干重大問題的決定》（以下簡稱《決定》）賦予了改革全新的使命——改革開放是黨在新的時代條件下帶領全國各族人民進行的新的偉大革命，是當代中國最鮮明的特色。可改革性成為中國最大的比較優勢之一，這就塑造了中國的改革自信。

二、塑造中國制度的比較優勢

改革的目的始終是鞏固和完善中國共產黨的領導。中國共產黨的領導，是中國特色社會主義制度的最鮮明特色，也是中國制度的最大比較優勢。改革的目的，是完善而絕非動搖、否定黨的領導。對此，十八屆四中全會公報指出，全面建成小康社會、實現中華民族偉大復興的中國夢，全面深化改革、完善和發展中國特色社會主義制度，提高黨的執政能力和執政水準，必須全面推進依法治國。公報明確提出，黨的領導是全面推進依法治國、加快建設社會主義法治國家最根本的保證。必須加強和改進黨對法治工作的領導，把黨的領導貫徹到全面推進依法治國的全過程。

依法治國的目的則是提升治理能力與治理體系現代化，提升中國制度的比較優勢。中國提出第五個現代化——國家治理能力與治理體系現代化，表明中國超越了前四個現代化為標誌的趕超西方階段，正在形成自己的話語體系，有望成為人類政治範式中新的話語體系。中國模式為

贏得這一話語體系主導權提供了經驗性基礎，接下來中國學者應認真思考如何以國家治理觀締造「源於中國而屬於世界」的當代政治文明話語體系。

長期以來，中國的國際比較優勢被認為是勞動力廉價、市場規模大等，無關中國的制度。這一點，也似乎為中國的全球競爭力排名徘徊在第三十位左右而佐證。改革既是重塑中國的國際比較優勢，本身也成為中國最大的國際比較優勢。席捲全球的金融海嘯持續發酵多年，突顯了發達經濟體的制度困境，美歐日均呼喚改革，制定了各自的二〇二〇戰略。可惜雷聲大雨點小，要麼被華爾街的金融勢力綁架，要麼依然沒有邁出實質性的步伐，要麼被巨額的債務壓得喘不過氣來靠量化寬鬆度日。

歷史經驗表明，與美歐日制定的發展目標相比，中國制定的目標實現力更強，往往超額、提前完成。中國的二〇二〇戰略，就是《決定》所說的——到二〇二〇年，在重要領域和關鍵環節改革上取得決定性成果，完成本決定提出的改革任務，形成系統完備、科學規範、運行有效的制度體系，使各方面制度更加成熟更加定型。

《決定》並非是表面上宏偉的國家戰略，而是真正使中國夢的實現與中國全體人民的福祉直接相關。《決定》提出，「中國夢的實現靠全面深化改革。全面深化改革的總目標是完善和發展中國特色社會主義制度，推進國家治理體系和治理能力現代化，讓一切勞動、知識、技術、管理、資本的活力競相迸發，讓一切創造社會財富的源泉充分湧流，讓發展成果更多更公平惠及全體人民。」

三、中國作為世界大國的擔當

全面深化改革的擔當何在？塑造中國為世界大國，就是改革的擔

當。每一個國家都必須讓自己的制度適應世界的變化，而世界大國不只是適應，還要引領世界的潮流，通過塑造自己的制度優勢而給世界提供可資借鑑的人類文明遺產。這就是中國改革的第三重目的。正因為如此，改革只有進行時，沒有完成時。李克強總理訪歐時說，中國改革是人類最大的創新。這就是中國的改革自覺。

較之從前，改革的任務有何不同，新一輪全面深化改革改什麼？改革的前身是改良，即傳統中國如何實現近代化，這是改革的第一階段——復興階段，使「傳統中國」實現民族復興；改革的第二階段是現代化階段，如何實現中國的現代化，塑造「現代中國」身分；改革的第三階段是全球化階段，如何讓中國先是融入、後是引領全球化，塑造「全球中國」新身分。

那麼，改革的路徑有何不同，如何推進全面深化改革？長期以來，人們錯誤地以為中國的改革，在國內靠摸著石頭過河，在國外是搭全球化便車，缺乏頂層設計和核心價值觀支撐。其實，改革路徑越來越呈現為頂層設計與摸著石頭過河的有機結合，否則不可能成功，也不可持續。

的確，相對於中國特色的「摸著石頭過河」，頂層設計似乎是舶來品。在實踐中，兩者也各有利弊。比如，歐盟一體化是「摸著石頭過河」的產物，雖然有「歐洲合眾國」的理想指引，但一直在聯邦—邦聯，國家—超國家間徘徊，始終是妥協的產物，這導致了歐盟應對債務危機乏力，顯得「病去如抽絲」。與此相反，美國是穩定的頂層設計的產物，一部憲法管到今天，故而應對債務危機雖「病來如山倒」，卻較快地走出了危機，步入復甦之路。

作為頂層設計的體現，十八屆三中全會提出成立全面深化改革領導小組、國家安全委員會，以更好地衝破利益藩籬，加強中央權威。四中全會又提出依法治國，一個應有含義是要將改革的頂層設計法制化，以

法治推進改革。中國的智慧，超越了「摸著石頭過河」與頂層設計孰優孰劣的選擇，實現改革路徑是自上而下、自下而上的有機結合，再次折射出中國人兼收並蓄、融會貫通的長處。

因此，全面深化改革的使命，從近期考慮而言，是解決中國目前面臨的各方面的尖銳挑戰，從中期考慮而言，是重塑中國的國際比較競爭優勢，而遠期考慮則是奠定中國真正作為世界大國的地位。

建國六十多年來，前三十年「紅色中國」（新中國）成為中國的標識，後三十年「改革」成為中國的新標識。必須從人類文明史的高度認識中國改革的世界意義。中國改革的目標超越了「周雖舊邦，其命維新」的思維，超越了中國特色—普世價值的對立，告別了接軌、轉型的迷思，正在實現國家治理能力與治理體系現代化，確立中國制度的比較優勢，同時推動中華文明實現從農耕到工業（資訊）、從內陸到海洋、從地區性到全球性的三大轉型，實現中華文明的復興與創新，並通過自身的可持續發展，引領人類新文明的可持續發展，使中國成為新的世界領導型國家，這就是新時期改革的三大擔當。改革模式是繼發展模式、復興模式之外中國模式的三大組成部分之一。改革是塑造中國新的比較優勢的不二選擇。改革自信是「四個自信」的邏輯延伸；改革自覺是中國模式的應有之義。

第十五節　中國新時代　世界新機遇

　　二〇一七年十一月二十三日，中國國家主席習近平同來華進行國事訪問的吉布地總統蓋萊舉行會談。蓋萊表示，感謝中國多年來對吉布地的幫助和支持；吉方讚賞中方積極參與聯合國維和行動及打擊海盜國際合作，感謝中國為世界和平與繁榮發揮的關鍵作用。讚賞中國長期以來甚至在自身還很貧窮落後的時候就為非洲安全與發展做出貢獻。

　　蓋萊說出了很多人的心聲。無論貧困落後時期，還是日益富強之後，中國一直為世界貢獻正能量，提供發展機遇。十九大報告指出，中國特色社會主義進入新時代。中國「新時代」，是中國「日益走近世界舞臺中央、不斷為人類做出更大貢獻的時代」。中國共產黨的十九大，勾畫了中國走向富強民主文明和諧美麗的社會主義現代化強國的宏偉藍圖。在新時代，中國更會為世界提供新機遇。

　　一是中國更加開放帶來全球化新紅利。十九大報告提出，開放帶來進步，封閉必然落後。中國開放的大門不會關閉，只會越開越大。未來十五年，中國市場將進一步擴大，發展將更加全面。預計將進口二十四萬億美元商品，吸收二萬億美元境外直接投資，對外投資總額將達到二萬億美元。當今世界格局出現顯著變化，逆全球化潮流湧動。而中國成為對外投資大國和進口大國，給全球化帶來巨大信心。國際金融危機爆發以來，中國經濟增長對世界經濟增長的貢獻超過美國、日本和歐盟的總和。中國經濟結構轉型和中高速增長，歡迎各國搭乘中國發展的「快車」「便車」，給世界帶來更多合作共贏機會，助推世界經濟結構性改革。

二是中國社會主要矛盾轉化帶來合作新機遇。中國社會主要矛盾已經轉化為人民日益增長的美好生活需要和不平衡不充分的發展之間的矛盾。為滿足人民日益增長的美好生活需要，中國正由高速增長階段轉向高品質發展階段，堅定不移貫徹新發展理念，堅決端正發展觀念、轉變發展方式，發展品質和效益不斷提升。這其中蘊含大量機遇。如「綠水青山就是金山銀山」深入人心，給中國與世界的環境、科技合作提供契機。

　　三是中國擔當帶來更多公共產品供給。中國共產黨是為中國人民謀幸福的政黨，也是為人類進步事業而奮鬥的政黨。中國共產黨始終把為人類做出新的更大的貢獻作為自己的使命。「一帶一路」寫進黨章，預示著中國將為世界各國提供更多更好的公共產品，推動新型全球化和全球治理。國際形勢客觀上也需要中國在全球舞臺上更加積極作為，提供公共產品。現在中國自身有能力，有責任，也有擔當。

　　中國堅持推動構建人類命運共同體，始終做世界和平的建設者、全球發展的貢獻者、國際秩序的維護者。習近平新時代中國特色社會主義思想是馬克思主義中國化的最新成果，新時代中國特色社會主義的偉大實踐，不僅將使中華民族以更加昂揚的姿態屹立於世界民族之林，也將給世界帶來前所未有的機遇和福祉。

第二章　大國如何擔當

第一節　社會主義中國化承擔文明使命

　　習近平總書記在十九大報告中指出，經過長期努力，中國特色社會
主義進入了新時代，這是中國發展的新的歷史方位。中國特色社會主義
進入新時代，意味著近代以來久經磨難的中華民族迎來了從站起來、富
起來到強起來的偉大飛躍，迎來了實現中華民族偉大復興的光明前景；
意味著科學社會主義在二十一世紀的中國煥發出強大生機活力，在世界
上高高舉起了中國特色社會主義偉大旗幟；意味著中國特色社會主義道
路、理論、制度、文化不斷發展，拓展了發展中國家走向現代化的途
徑，給世界上那些既希望加快發展又希望保持自身獨立性的國家和民族
提供了全新選擇，為解決人類問題貢獻了中國智慧和中國方案。

　　中國特色社會主義進入新時代，在中華人民共和國發展史上、中華
民族發展史上具有重大意義，在世界社會主義發展史上、人類社會發展
史上也具有重大意義，是對所謂「中國還是社會主義國家嗎」之問及時
有效的回應。此前，國內外不少人質疑：西方輿論將中國描繪為國家資
本主義、權貴資本主義等，冷嘲熱諷說中國特色的社會主義不是社會主
義；有學者竟稱，中國社會連社會主義的「三保」特徵——保就業、保
養老、保存款，現在都不保了，何談社會主義？由此看來，在馬克思主
義中國化後，還得將社會主義中國化。否則，人們從社會主義本本出
發，而非從中國特色的社會主義實踐出發，評判中國的社會屬性和社會
主義本質。馬克思主義中國化後，就很少質疑中國是否堅持馬克思主
義；社會主義中國化，才能消除對中國是否在堅持社會主義的質疑。

一、從中國特色的社會主義到社會主義中國化

馬克思主義完成了對西方資本主義的批判和超越。但中國現在在人文與自然科學領域對西方資本主義的超越仍有待完成，核心問題是知識層面的理論價值與文化層面的多樣性關係如何處理。

其實，中國特色的社會主義理論對「什麼是社會主義」「如何建設社會主義」做出了明確回答。一九九二年初，鄧小平同志在南方談話中，提出社會主義本質的著名論斷，他說：「社會主義的本質，是解放生產力，發展生產力，消滅剝削，消除兩極分化，最終達到共同富裕。」為什麼還會產生這樣那樣的疑問呢？一個重要原因就是中國的貧富差距與西方資本主義國家無異。要將中國特色的社會主義明確發展為社會主義中國化新階段，是我們面臨的重大理論挑戰。

我們提出建設中國特色社會主義，那麼，社會主義與中國特色是何關係？為何要強調社會主義？為何要強調中國特色？如果不強調社會主義，是不是就會與資本主義的自由、民主、法治等混為一談？如果不強調中國特色，是不是就會將中國特色社會主義「四個自信」與西方的普世價值混為一談？因此，社會主義中國化，就是將社會主義理念——共同富裕、公平正義等，與中國傳統文化中的「義利觀」「天下大同」等優秀思想相結合，培養全球化時代中國特色社會主義的價值觀。

全球化曾經是資本主義在全球的擴張，當社會主義也加入全球化後，社會主義獲得了新生：它成為全球化的糾錯機制，推動全球化的包容性發展，然而自身也面臨著全球化的挑戰。社會主義在定義中國，中國也在定義社會主義，兩者的結合也是古老文明與現代文明的結合。人類寄希望於全球化，全球化寄希望於社會主義，社會主義寄希望於中國。

事實上，中國發展已經超越了鴉片戰爭以來實現現代化與民族復興

的層次，肩負著促進社會主義新生和繁榮、推動人類新文明時代來臨的二十一世紀使命。社會主義中國化，是將社會主義從一種運動、一種制度提升到一種人類新文明的過程，從而與文明復興的歷史進程相一致。這就是中國的社會主義擔當。

二、與時俱進理解社會主義：運動、制度、文明

社會主義從一種運動到一種制度，在世界上經歷了近百年時間，在中國經歷了近半個世紀。社會主義作為一種制度，超越了資本主義制度。但蘇俄、中國先後跨越「卡夫丁峽谷」，率先在資本主義未充分發育的國度搞社會主義，使得這種超越存在應然與實然之間的矛盾，於是有了社會主義初級階段說。

但是，僅僅把社會主義停留在制度層面理解，則難言中國之先進。發達資本主義國家吸納了馬克思主義等對資本主義制度的批評，改良了社會制度，建立了較完善的社會福利制度，緩解了社會矛盾，且創新和解放了社會生產力。尤其是西歐的民主社會主義也從一種思潮到一種運動和政治勢力，不僅登上大雅之堂，而且在一些國家成為主流意識形態。相比之下，中國的社會主義常常被外界批評、抹黑與誤解。導致社會主義的中國反而在國際社會上沒有話語權，這與社會主義制度超越資本主義制度的理念不相稱。

僅僅把社會主義停留在制度層面理解，也難以概括中國改革開放的偉大實踐。改革開放是在融入全球化過程中豐富、完善社會主義制度，並創造了人類工業化、脫貧致富和大國崛起的奇蹟。如此生動偉大的社會實踐，已經對世界各國產生廣泛而深遠的影響。把社會主義停留在制度層面理解，還難以體現「中國應該為人類做出較大貢獻」的國際意志。那麼，社會主義對全球化時代以及中國參與全球化做出了哪些超越

性、歷史性貢獻呢？社會主義如何克服全球化困境、應對全球性挑戰呢？

越來越多的事實表明，必須對社會主義做出與時俱進的理解。只有把社會主義視為一種人類文明形態，這就是社會主義文明，才能堅定社會主義信心，堅定中華古老文明借助社會主義而復興的美好願景。社會主義理念應與中國傳統文化如「天下大同」等理想相契合，會內化為中國的國家屬性並受到廣大中國人民擁護的。在中國，是中國共產黨帶領中國人民走上社會主義道路，創造社會主義奇蹟、實現共產主義理想。這也深刻解釋了中國共產黨的歷史合法性、現實合理性、未來合情性。社會主義文明是對社會主義本質的提煉和昇華。只有從文明角度理解社會主義，才能擺脫中國特色與社會主義初級階段等認識上的糾結，與中國作為一種文明而非民族國家的身分相匹配。

三、社會主義文明的超越

社會主義文明可以從三個層面來理解，實現對包括資本主義文明在內的人類各種文明形態的超越。

一是從生產方式上講，社會主義文明超越了資本主義文明「增長而不發展」的悖論。資本主義文明帶來了發展和繁榮，並以自己的發展和繁榮惠及其他發展中國家，但這些發展中國家普遍遭遇增長而不發展的窘境：篤信經濟增長理論，通過融入全球化實現了經濟增長，但經濟發展、社會發展、政治發展停滯不前，國家治理能力與體系始終未能實現現代化。這是聯合國提出「千年發展目標」的背景。世界貿易組織（WTO）窮途末路也是過分關注貿易自由化、忽視經濟發展的惡果。究其原因，經濟學家熊彼特形象地將資本主義文明描繪為「創造性毀滅」，即在解決問題的過程中產生更多問題，生產的負外部性顯著。而

只有到了社會主義中國，才產生了人類減貧的奇蹟，經濟持續增長，社會全面進步。

二是從生活方式上講，社會主義文明超越了資本主義文明「和平而不安全」的悖論。按照資本主義文明理念，自己實現和平、國際實現和平，但內外均未解決安全問題，甚至產生安全困境——你安全，所以我不安全。社會主義文明觀提出新安全觀：共同安全、合作安全、綜合安全、可持續安全，致力於建設一個持久和平、共同繁榮的和諧世界，才超越了資本主義文明內外有別、和平而不安全的悖論。

三是從思維方式上講，社會主義文明超越了資本主義文明「開放而不包容」的悖論。開放而不包容，源於資本主義文明二元論思維，對內多元與對外普世的雙重標準。一方面，資本主義文明從經濟、人口、思想、文化等各方面全方位開放，不斷從「異質文明」汲取營養；另一方面，資本主義文明不斷製造「異質文明」的假說，通過征服、擴張乃至殖民，將自己的意志強加於人。在解決國內外問題上，非系統思維、非可持續思維，就會製造的問題比解決的問題還多，或者根本無法解決問題。社會主義文明統籌國內、國際兩個大局，以系統、全面、協調、可持續思維，復興古代文明，包容西方文明，創新人類文明，倡導世界文明的多樣、多彩、平等和包容。

四、社會主義文明的特質

不同於以往的西方文明觀與中國傳統觀，社會主義文明觀具有以下三方面顯著特質。

一是積極的文明觀。以往的文明觀，受到資本主義文明在近代化過程中的破壞、毀滅，以補償式思維，推行社會福利制度、人道主義援助，並成為現代文明的標誌。其實，這只是一種消極文明觀。我們倡導

的社會主義文明乃積極的文明，不僅積極解決資本主義文明遺留下來、解決不好的問題，而且有效解決人類和平與發展面臨的共同難題與挑戰。

二是動態的文明觀。以往的文明觀，將文明定義為人類創造的一切財富的總和，並區分為物質文明、制度文明、精神文明，更多是與人類文化遺產和生產力、生產方式成就聯繫起來。社會主義文明觀是一種動態的文明觀，強調文明力，即著眼於國際競爭力與創新力。

三是包容的文明觀。以往的文明觀，將文明界定為與野蠻相對的概念，容易陷入一種話語霸權，甚至造成西方列強對本國人文明、對外國人野蠻的近代殖民史。社會主義文明觀主張古今中外、東西南北大包容，倡導兼收並蓄、融會貫通的理念，著眼於人類文明的可持續發展以及人類命運共同體建設。

社會主義文明之所以實現了上述超越、具備上述特質，是大時空背景下的產物，即我們是在歷史維度和全球化新時代的現實維度討論的，實現了三大超越。

一是超越「古今中外」的思維定式。鴉片戰爭以來「中—西」之爭與「體—用」之爭的思維定式嚴重束縛了國民心態與國家發展。文化自信與文化自覺，只有落實到道路自信、理論自信、制度自信、文化自信，才真正得以體現。中國夢的提出，就是中國作為國民、民族和國家自信、自覺的最終體現。但在今天，「中國特色—普世價值」的二元對立之爭仍然時隱時現。為超越這「中學為體、西學為用」的思維定式，告別東西方，關注大南北，關注中國世界文明領導型國家的道統，是社會主義文明觀的應有之義

二是超越「百年國恥」的歷史記憶。一百七十年來的現代化夢，造成中國「趕英超美」的狹隘與躁動。中國夢的提出，超越了西方夢、美國夢、現代化夢，開始做真正屬於中國的光榮與夢想。社會主義文明是

中國夢的價值載體。中國夢不僅不排斥西方，而且主張中西攜手，開創新人文主義。

三是超越「中華復興」的傳統認知。中華民族偉大復興的中國夢，儘管冠以復興——所謂復興，一是強盛，二是威望——其實超越了五千年中華文明，正在實現三大文明轉型。之所以說轉型，是因為「天人合一」「量入為出」等理念在今天虛擬經濟時代需要確立新的價值規範；是因為「上善若水」「厚德載物」的思維局限於淡水——海水夾雜的血腥味深深烙在西方列強入侵中國的記憶裡；是因為「四海一家」的時代已經讓位於「四洋一家」的時代；是因為「天下」觀需要升級為全球觀。當然，文明轉型並非否定傳統文明特質，而是傳統中國、現代中國、全球中國的「三位一體」。

五、社會主義文明的擔當

社會主義文明的擔當，概括起來就是化中國夢為世界夢，關鍵有三條途徑：

己欲立而立人。中國是發展中國家中的大國，中國夢對廣大發展中國家產生強大的吸引力。中國要實現中國夢，也要幫助其他發展中國家實現脫貧致富、提升國際地位的夢想。為此，中國秉承真、實、親、誠理念，倡導正確的義利觀，著力打造命運共同體，就是化中國夢為發展夢。所謂命運共同體，通俗地說，就是同甘共苦，最終追求共同的歸宿和身分。共同利益，只是同甘；共同安全，才是共苦。

己欲達而達人。中國是新興國家的領頭羊，對其他新興國家產生極大的示範、鼓勵作用。中國夢也是新興國家的發達夢。發展中國家和新興國家在中國外交中的地位越來越重要，因為隨著中國在全球產業鏈中從低端邁向高端，與發達國家競爭性上升，而與發展中國家、新興國家

互補性增強──發展中國家承接中國產業轉移的後方市場，新興國家則承接中端市場，與發展中國家中的新興大國合作具有推動國際關係民主化方向發展的戰略意義。

己所不欲，勿施於人。中國夢是東方文明復興夢。對周邊國家，中國秉承親、誠、惠、容理念，著力打造責任共同體；對發達國家，秉承互利共贏、相互尊重理念，著力打造利益共同體。中國不會重複國強必霸的歷史迴圈，不會將自己的意志強加於人，正在展示傳統文化的忠恕之道，努力開創新興國家關係，提出亞洲新安全觀，倡導和諧地區、和諧世界。亞洲是中國和周邊國家的共同家園，各方有責任共同維護好和平繁榮穩定的局面。要做到這一點，關鍵是實現中國與周邊國家的「政策溝通、道路聯通、貿易暢通、貨幣流通和民心相通」。中國與發達國家的競爭性有所上升，但合作性仍有待發掘。中國提出與美國建立新型大國關係，並倡導與歐洲國家共同開發協力廠商市場，就是避免零和博弈，實現中國夢與美國夢、歐洲夢的共贏。

六、結語

總之，社會主義文明是中國夢的核心價值。社會主義從一種運動到一種制度、再到一種文明，是中國共產黨人對社會主義本質的又一認識昇華，既繼承、復興了五千年中華文明史，揚棄和超越了近代五百年資本主義文明的「創造性毀滅」，又引領和開創著中國作為世界文明領導型國家的道統。社會主義中國化，就是還原中國作為文明型國家的本質，是現代文明結合古老文明開創人類新文明的過程。社會主義中國化，是習近平新時代中國特色社會主義思想的偉大事業，是中國共產黨為人類政治文明進步做出充滿中國智慧的貢獻。由此不難明白十九大報告中國特色社會主義新時代的含義：從把「世界的」變成「中國的」（中

國特色社會主義1.0版），到把「中國的」變成「世界的」（中國特色社會主義2.0版），實現人類的公平正義，建設人類命運共同體。換言之，從世界社會主義事業維度看，中國正再造社會主義，實現社會主義中國化基礎上的再世界化。世界社會主義中國化，中國社會主義世界化，是二十一世紀中國共產黨人建設人類命運共同體的天下擔當。

第二節　中國特色大國外交展現大國擔當

一、中國特色大國外交的內涵與擔當

習近平總書記在7‧26講話中提到，我們堅定不移推進中國特色大國外交，營造了中國發展的和平國際環境和良好周邊環境。中國必須有自己特色的大國外交，使對外工作具備鮮明的中國特色、中國風格、中國氣派。

當今世界乃至人類歷史上，能有資格稱自己為特色的國家不多。中國特色超越了一般國家的個性，具有鮮明的中國內涵與時代色彩，強調中國特色，體現了中國的自信、自覺與擔當。

首先，中國特色充分表明「四個自信」——中國特色社會主義道路能走通、中國特色社會主義理論能管用、中國特色社會主義制度能不斷煥發活力，中華文化連續不斷，歷久彌新。其次，中國特色正是表明告別鴉片戰爭以來中—西、體—用的二元思維與接軌、轉型的迷思，自覺踐行社會主義，在國內外倡導公平正義，並結合傳統「公天下」思想，實現中國的精神立國。再次，中國特色強調和而不同、和諧共生，絕非排他。

中國特色源於中國而屬於世界，是全球化時代對「張載命題」的有力回答：為天地立心，就是去挖掘中華文明與中國價值的世界意義，探尋人類共同價值體系。為生民立命，就是全面建成小康社會，彰顯「以人民為中心」的發展思想；為往聖繼絕學，就是實現人類永續發展，各

種文明、發展模式相得益彰、美美與共；為萬世開太平，就是推動建立持久和平、共同繁榮的和諧世界，實現全球化時代的「天下大同」。

中國特色的大國外交是中國特色和平發展道路、中國特色社會主義理論、中國特色社會主義制度、中國特色的文化傳統在外交形態和外交本質上的體現，是「四個自信」在外交領域的表現。

王毅外長曾提出，中國特色大國外交，貴在「特色」二字，旨在走出一條與傳統大國不同的強國之路。

中國特色，第一是旗幟鮮明地堅持得到中國人民廣泛擁護的社會制度和發展道路，始終不渝地堅持中國共產黨的領導和中國特色社會主義。這是中國外交的根基所在。

第二要堅持獨立自主和平外交方針、和平共處五項原則以及不干涉別國內政等優良傳統，同時要與時俱進，不斷對此加以完善、豐富和發展。

第三要堅持主持公道、伸張正義、踐行平等等特有理念。這些理念既反映了中華文明的優秀傳統，又體現了社會主義制度的本質要求，也有助於更好維護發展中國家的整體利益，不斷推動國際關係的民主化進程。

第四要堅持為國內發展和改革開放服務的第一要務。作為世界第二大經濟體，同時又是世界最大的發展中國家，中國身分雙重屬性與其他大國不同。

中國的外交必須平衡好從外部綜合國力看是大國，而從內部社會看是發展中國家的雙重性，大力弘揚新型義利觀，構建與發展中國家的命運共同體。在同發展中國家交往中堅持義利並舉、義重於利，這是中國外交得道多助的一個重要基礎。對發展中國家特別是最不發達國家不附加任何條件的援助，幫助他們實現自主發展和可持續發展，就是具體體現。

中國特色「發端於博大精深的中華文明，源自新中國外交的優良傳統，契合於當今時代潮流和世界大勢」。

比如，「一帶一路」融通古今中外、東西南北，啟動了古絲路記憶和絲路精神，以和平、繁榮、開放、創新、文明之「五路」應對當今世界和平、發展、治理「三大赤字」。

構建夥伴關係是中國外交的又一個特色。就是要在堅持不結盟原則的前提下廣交朋友，形成遍布全球的夥伴關係網絡。這是總結以結盟對抗為標誌的冷戰歷史經驗教訓，探索出的一條結伴而不結盟的新路。中國特色的大國外交要求明晰地定位中國的大國身分。中國特色的大國外交也是中國從發展中大國、地區大國走向全球大國的宣言，是超越「中國威脅論」的淡定，是回應「中國強硬論」的從容，自信、大方地展示中國的大國身分、大國擔當。

總之，中國特色的大國外交，是文明型國家外交，超越了歷史上的西方列強外交和現實世界的美國霸權外交，正如「一帶一路」的巨大魅力所顯示的，正在開闢一項前無古人的事業。中國特色的大國外交，是中國的自我定位，也需要國際社會的理解和支援，必將推動新型國際關係的建立和人類命運共同體建設，更好地造福於中國與世界。這就是中國特色大國外交的使命擔當。

二、三重身分定位中國特色的大國外交

習近平總書記在十九大報告中指出，中國共產黨是為中國人民謀幸福的政黨，也是為人類進步事業而奮鬥的政黨。中國共產黨始終把為人類做出新的更大的貢獻作為自己的使命。這表明，中國與世界關係發生了近代以來最為深刻的變化。中國的身分從「中國的中國」「亞洲的中國」躍升到「世界的中國」，中國的關注點越來越從「世界的中國」向

「中國的世界」轉變;中國共產黨正在呼籲構建人類命運共同體,建設「持久和平、普遍安全、共同繁榮、開放包容、清潔美麗」的世界。

黨的十八大以來,以習近平同志為核心的黨中央,高瞻遠矚,運籌帷幄,提出並實施一系列外交大戰略、大思想和大理念,將中華民族偉大復興的中國夢與世界夢融通,譜寫了中國特色大國外交的嶄新篇章。

發展中國家、社會主義國家、東方文明古國,是中國的三重身分,也是定位中國特色大國外交的三個緣由:

中國外交的特色,立足於中國作為發展中國家的基本國情,我們要緊緊圍繞國家發展這個中心,更加積極有效地為全面建成小康社會營造良好外部環境。

中國外交的特色,植根於中國堅持的社會主義理念,我們對內追求公平正義、共同富裕、社會和諧,對外主持公道、捍衛公理、伸張正義。

中國外交的特色,發端於博大精深的中華文明,我們將大力弘揚中華文化,奉獻處理當代國際關係的中國智慧。

時空一體,是中國大國外交特色的另外兩個來源:

中國外交的特色,源自新中國外交的優良傳統,我們將堅持獨立自主,堅持以維護世界和平、促進共同發展為宗旨,以開放包容的心態加強與外界對話溝通。

中國外交的特色,契合當今時代潮流和世界大勢,我們願發揮中國外交與時俱進的品格,以開拓創新的精神,推進國際秩序朝著更加公正合理的方向演變。

上述五方面特色結合在一起,體現出中國新型大國外交的總體定位。由內而外,是中國特色大國外交的主要邏輯。積極主動,是中國特色大國外交的主要風格。外交自信、外交自覺、外交自尊,是中國積極主動大國外交的鮮明寫照。

中國道路，如何做到源於中國而屬於世界？答案十分明確：世界之中國，天下之擔當。

　　傳中國經驗，造共贏之勢。「中國應對人類做出較大的貢獻。」毛澤東主席當年的願望，今天的中國正在實現。中國特色的大國外交鮮明地體現在：傳播改革開放經驗——以開放促改革，以改革促開放；工業化經驗——基礎設施先行，惠及民生；脫貧致富經驗——一心一意謀發展，聚精會神搞建設，減少沿線國家學習成本，鼓勵它們走符合自身國情的發展道路，甚至實現彎道超車和跨越式發展。

　　舉中國方案，踐大道之行。「形而上者謂之道，形而下者謂之器，化而裁之謂之變，推而行之謂之通，舉而措之，天下之民謂之事業。」《周易》〈繫辭上〉中的這句話，是對中國特色大國外交的很好闡述。中國特色大國外交為新型全球化、全球治理和國家治理提供的中國方案，讓全球化具包容性、聯動性、本土性，讓全球治理堅持共商、共建、共享原則，讓國家治理實現標本兼治，統籌協調。

　　展中國擔當，呈公共產品。「一帶一路」是全球化即西方化失勢後，作為世界經濟增長火車頭的中國，將自身的產能優勢、技術與資金優勢、經驗與模式優勢轉化為市場與合作優勢，將中國機遇變成世界機遇，從而融通了中國夢與世界夢。中國特色的大國外交為世界提供器物、制度、精神層面的公共產品，為世人所欣賞、為世界所期盼。

第三節　中國外交的新時代內涵

　　無論從哪個指標看，中國已經是無可爭議的大國。中國特色的大國外交，服務於中華民族偉大復興的中國夢。而中國夢的內涵是人民幸福、國家富強、民族振興。中國夢是每一個中國人的夢，為人民服務因此成為中國特色大國外交的自然邏輯。

　　據統計，中國每年有一億三千萬人次出境，數百萬中國公民在全球各個地方工作、生活、學習，三萬多家中國企業遍布世界各地。中國政府時刻把人民安危冷暖放在心上，不斷增強領保能力建設，積極打造海外民生工程。近年來成功組織九次海外公民撤離行動，受理各類領保救助案件近三十萬起，處理一百多起中國公民在境外遭遇綁架或者襲擊的重大案件。中國護照的「含金量」不斷提升，同胞們走出國門更加安全、便利。

　　於是，中國外交被賦予了嶄新的時代內涵──保護海外公民、僑民的生命財產安全，增強國民的國際自豪感與榮譽感。外交在以國家利益為本的同時，越來越具有以人為本的特徵。俗話說：「外交無小事。」以人為本的外交更體現出這句話的真諦。

　　中國外交加強了為中國公民利益服務的宗旨，從「外交為國」發展到「外交為民」，進入了「外交為民」的新階段。十八大以來，以習近平同志為核心的黨中央宣示，「人民對美好生活的嚮往就是我們的奮鬥目標」，外交工作奮發有為，為人民幸福謀局，為偉大復興護航，取得了輝煌的成就。

一、加快立法進程保護海外公民安全

中國加入《聯合國人員和有關人員安全公約》，加快國內立法進程，保護日益龐大的海外人員群體的安全。隨著中國參與聯合國維和行動日趨增多，加入該安全公約有利於中國參與聯合國行動人員安全的保護。遇到中國維和人員安全受到侵害時，中國可以根據公約要求有關國家對犯罪嫌疑人進行起訴或者將犯罪嫌疑人引渡至國內處理。

但中國公民在海外遇到的風險遠遠不止是恐怖襲擊，經濟勞務糾紛引發的綁架，出國旅遊時合法權益被侵犯，在國際犯罪團夥組織的跨國人口販賣、走私販毒、非法勞務中受害等涉及中國公民人身安全的新聞不斷見諸報端。中國政府開始認真對待「保護海外人員安全」這一從未經歷過的課題。

中國政府在呼籲公民提高安全意識並提供安全資訊的同時，已經建立了一整套針對海外安全意外的應急機制。但也必須看到，海外人員安全問題的涉外處理主要依賴於雙邊關係，中國與相關國家之間是否簽訂刑事司法協助或引渡條約對許多具體事務的處理有很大的影響。中國在加快與有關國家的談判爭取更多雙邊司法合作的同時，也加快了批准有關國際條約和公約的步伐，利用多邊條約中的一些司法協助條款來維護中國海外人員的安全和合法權益。

二、辯證處理以人為本和以國為本的關係

外交是內政的延續。作為「以人為本」的國內政治發展邏輯的折射，中國外交的應有之義，就是如何「以國為本」的使命體現出「以人為本」的宗旨，辯證處理好「以國為本」和「以人為本」的關係。

從近年來的一系列實踐表現來看，中國外交正朝著「以人為本」的

方向大踏步前進。正如《戰狼2》電影展示的，五星紅旗是走出國門的中國人「守護神」。外交官們的高效工作尤其是對於同胞的關心和愛護，讓當地華人華僑備感來自祖國的溫暖。國家對於國民重視、關心與愛護的程度，對於增強國人的自豪感與凝聚力的積極作用是不言而喻的。

外交工作就是服務，首先是服務於全國人民全面建設小康社會的崇高目標，為國內經濟建設創造一個好的國際和周邊環境。此外，外交還是「交朋友」。新時期的中國外交也貫徹了以人為本、執政為民這一宗旨。中國政府將繼續急人民之所急，想人民之所想，在國際上為維護中國法人和公民的合法權益多做實事。

三、以公共外交實現民心相通

外交工作如何贏得民心？這一問題包括兩個方面，即如何贏得國內民心，爭取國內民眾對外交工作的理解和支持；如何贏得國外民心，改變國外民眾對本國的看法。前者就是所謂的公共事務（public affairs），後者屬於公共外交（public diplomacy）。所謂公共事務的最大任務則是讓國內民眾獲悉政府的政策和目的，更多屬國內事務範疇；而公共外交就是一國政府通過資訊和語言去贏得國外民心的外交形式。

以人為本的外交，就是贏得國內外民眾的心。爭取「客觀友善的輿論環境」與國際環境已並列為我們外交追求的根本目標。公共外交就是在資訊時代爭取「客觀友善的輿論環境」，服務於中國和平發展的戰略工具。「一帶一路」更是期待民心相通，發展人民之間的交流，增進中國人民與世界人民的友誼。

外交為民要求我們的駐外機構首先要保護好每一個中國公民、僑民在海外的民間利益；其次，外交要為打造良好的中國國際形象服務，不

僅要著眼於本國公民的根本利益，而且要贏得國際社會最大多數人民的民心。贏得國外民心並使得中國日益崛起的綜合國力能夠為外部世界所接受，就是現時代公共外交的工作，是增進國家軟權力的重要途徑。

第四節　金磚國家承擔歷史使命

一、金磚國家，為中國外交打開一片新天地

二〇〇一年高盛公司首席經濟學家奧尼爾創立「金磚」概念，本來是為投資風險而打造的概念股，試圖將金磚國家鎖定到美國資本的分工體系中：中國成為「世界工廠」，印度成為「世界辦公室」，俄羅斯成為「世界加油站」，巴西成為「世界原材料市場」。

沒想到，金磚國家「假戲真做」，通過相互合作從一個投資概念走向合作機制，從四國擴大到五國，乃至形成今天的「金磚＋」機制，成為南南合作的亮點，成為推動全球價值鏈重塑的動力，成為國際秩序轉變的希望。

事實上，雖然金磚的概念早就提出來，但直到二〇〇六年九月的第六十一屆聯合國大會期間，中國、俄羅斯、巴西和印度四國外長才舉行了金磚國家外長首次會晤，表明官方層面對這一概念所具有現實意義的重視。二〇〇八年國際金融危機爆發後，為應對金融危機，各國間加強了合作。二〇〇九年六月，「金磚四國」領導人在俄羅斯舉行首次正式會晤，金磚國家間的合作機制才算正式啟動。

（一）十年金磚合作機制碩果累累

在過去十年中，金磚國家攜手同行，成長為世界經濟的新亮點。十年中，金磚國家謀求共同發展，推進互利合作，力求在國際舞臺上有所作為。平等相待、求同存異，務實創新、合作共贏，胸懷天下、立己達

人，是金磚精神的具體體現，是金磚五國歷經十年合作凝聚的共同價值追求。

金磚合作是一個創新，超越了政治和軍事結盟的老套路，建立了結伴不結盟的新關係；超越了以意識形態劃線的老思維，走出了相互尊重、共同進步的新道路；超越了你輸我贏、贏者通吃的老觀念，實踐了互惠互利、合作共贏的新理念。

金磚國家合作抵制了發達國家普遍出現的反全球化、逆全球化趨勢。金磚國家新開發銀行及中國倡導成立的亞投行成為國際金融治理的新生力量，打破了全球治理的西方主導權。金磚合作破中有立，在商業仲裁機制，降低儲備貨幣發行國家貨幣政策的風險等領域加強合作，發出變革全球經濟治理的金磚聲音，通過與發達國家既鬥爭又合作，推動共商、共建、共享的新型全球治理進程。

金磚合作依託於廣大的發展中國家，成為新興經濟體和發展中國家對話、聯繫的一個橋梁和紐帶。金磚合作已經超越了經濟領域，向政治、經濟、人文「三輪驅動」的方向發展，形成全範圍、寬領域、多層次的合作架構。非但如此，金磚國家還建立了電子口岸示範網路、電子商務工作組、博物館聯盟、美術館聯盟、圖書館聯盟等合作平臺。開放多元的發展夥伴網路，表明金磚合作機制充滿了活力。

金磚合作正處在承前啟後的關鍵節點上。此次廈門金磚峰會做實「金磚＋」機制、挖掘「互聯網＋」等新動能、增添人文交流新支柱，取得豐碩成果，成功開啟第二個「金色十年」，讓我們更加堅定了南南合作的信心。

（二）中國推動建立更具包容的國際秩序

目前，國際關係正在發生深刻變革，各種全球性挑戰層出不窮。展望未來，金磚合作也關係到G20和國際秩序的未來。G20是國際秩序和

國際體系轉變的標誌，分成三大類國家：G7，金磚五國（BRICS）、中等強國。為此有金磚擴容的呼聲，納入這些中等強國，也有「金磚時代」（BRICS＋TIMES）的提法。中國以第二大經濟體、金磚國家領頭羊和中等強國的最大支持者三重身分，發揮傳統中國文化和外交藝術魅力，進行折衷，打造「金磚＋」機制，更切合現實，體現開放包容、合作共贏的金磚精神。

當然，金磚合作推動南南合作，首先是自覺提升發展中國家權益。金磚國家是發展中的佼佼者、弄潮兒，發展中國家是其合作的基礎。金磚國家心繫發展中國家權益，努力提升新興市場國家和發展中國家在全球經濟治理中的代表性和發言權。

金磚國家廈門峰會有五個非金磚國家受邀出席，分別是埃及、幾內亞、墨西哥、塔吉克斯坦、泰國。這些國家都是發展中國家，多為國際組織的輪值主席國：埃及是聯合國安理會輪值主席國，幾內亞是非盟輪值主席國，墨西哥是美洲國家組織輪值主席國。這些國家擁有不同的社會制度和意識形態，在其各自區域內佔有重要戰略地位，它們的加入對促進多邊合作和經濟自由化大有益處。

由發達國家確立的全球治理模式已跟不上發展需要。繼G20杭州峰會、「一帶一路」國際合作高峰論壇後，廈門金磚峰會成為中國又一次重要的「主場外交」活動。中國主動站在國際會議的核心位置，協調推動建立更具包容的國際秩序。

作為南南合作的亮點和希望，金磚合作不僅要做國際秩序變革的「加速器」，推動國際秩序和國際體系朝著更加公平合理的方向發展，而且團結協作，繼續致力於促進世界多極化和國際關係民主化，為人類社會的集體繁榮進步貢獻更多「金磚智慧」和「金磚方案」。

二、金磚合作的三個歷史性「超越」

中國國家主席習近平會見金磚國家外長會晤外方團團長時，用三個「超越」評價金磚合作，認為金磚合作機制「不僅造福五國人民，也給世界提供了解決溫飽、安全等問題的治本藥方」。

習近平主席指出，金磚合作是一個創新，超越了政治和軍事結盟的老套路，建立了結伴不結盟的新關係；超越了以意識形態劃線的老思維，走出了相互尊重、共同進步的新道路；超越了你輸我贏、贏者通吃的老觀念，實踐了互惠互利、合作共贏的新理念。

金磚國家是利益和命運共同體。這是金磚合作實現「三個超越」的結果。可以說，金磚合作反映了新興國家的普遍願望和國際關係的新要求、新趨勢。金磚合作同以美國為首的聯盟體系以及冷戰架構、冷戰思維形成鮮明對照，進一步有力推進新型國際關係建設，也為全球夥伴關係網絡編織了金色一環。

首先，金磚國家擁有廣泛共同利益。金磚合作機制成立十年來，金磚合作從無到有、由淺入深，已經長成一棵生機勃勃的大樹，體現並爭取了金磚國家的共同利益。金磚五國合作領域從經濟向政治、人文等全面拓展，形成全範圍、寬領域、多層次的合作架構。從影響看，在聯合國、二十國集團等國際組織中，金磚國家緊密協作，維護廣大發展中國家利益，為應對全球性挑戰貢獻金磚智慧，提出金磚方案。

其次，金磚國家具有命運與共的歷史基礎和共同身分、未來歸宿。金磚合作一步一個腳印，保持旺盛生命力，關鍵在於秉持開放、包容、合作、共贏的金磚精神。中國外交部長王毅在金磚國家外長會晤記者會上，為金磚合作描繪了三重角色：助推器、穩定器、加速器。金磚合作要做新興市場國家以及發展中國家團結合作的「助推器」，金磚合作要做地區與國際局勢的「穩定器」，金磚合作要做國際秩序變革的「加速

器」。這三重角色利於助推「三個超越」。助推器、穩定器、加速器的三重角色，鮮明體現了金磚合作的命運共同體導向，塑造金磚國家的共同身分，引領未來共同目標。

十年前，金磚國家合作在世界多極化和經濟全球化大潮中應運而生，開啟了新興市場國家團結合作的時代篇章。十年來，金磚合作沿著五國領導人共同規劃的方向，形成了政治安全、經濟金融、人文交流三大合作支柱，並在這些領域取得了一系列實實在在的重要進展。

中國二〇一七年接任金磚國家輪值主席，二〇一七年也是金磚國家第二個十年的開局之年。中國與其他四國一道，將在協商一致的基礎上，繼續築牢和充實三大合作支柱，積極拓展更多新興領域的合作，同時拓展「金磚＋」的對話合作模式，構建廣泛夥伴關係，讓金磚國家合作這棵大樹更加枝繁葉茂、結出更多豐碩果實，迎來金磚合作第二個「金色十年」。

金磚合作推動國際秩序朝向更加公正、合理、可持續發展。金磚合作，如逆水行舟，不進則退。過去十年，在中國等相關國家共同努力下，成功推動金磚合作實現「三個超越」；未來十年，金磚合作將更加做實做強，成為新型國際關係的新抓手。

三、金磚合作的自信與自覺

金磚國家領導人廈門會晤，做實「金磚＋」機制，挖掘「互聯網＋」等新動能，增添人文交流新支柱，成功開啟第二個「金色十年」，讓我們更加堅定了金磚合作的自信，更加自覺地推進金磚合作行穩致遠。

習近平主席在金磚國家工商論壇上的主旨演講指出，要把金磚合作放在世界發展和國際格局演變的歷史進程中來看。同時，要放在金磚五

國各自和共同發展的歷史進程中來看。這就為金磚合作的自信與自覺指明了方向。

自信來自金磚國家的硬實力。金磚五國經濟總量占全球比重從百分之十二上升到百分之二十三，將超過七國集團，對世界經濟增長的貢獻超過一半。金磚五國間貿易投資大幅提升，在世界銀行、國際貨幣基金組織等重要國際金融機構中發言權邁上新層次。金磚合作推動落實聯合國二〇三〇年可持續發展議程等，「金磚＋」機制成為南南合作的新亮點。

自信來自金磚合作機制本身的活力。金磚合作依託於廣大的發展中國家，成為新興經濟體和發展中國家對話、聯繫的一個橋梁和紐帶。金磚合作給國際貿易、投資等各個方面帶來新活力，已經超越了經濟領域，向經濟、政治、人文「三輪驅動」的方向發展，形成全範圍、寬領域、多層次的合作架構。

自信來自金磚合作的軟實力。一定要在人類和平與發展大勢和國際公平正義的大局中看金磚合作。金磚國家始終是世界和平的建設者、全球發展的貢獻者、國際秩序的維護者。作為具有全球影響力的合作平臺，金磚合作的意義已超出五國範疇，承載新興市場國家和發展中國家乃至整個國際社會的期望。

與此同時，金磚合作要自覺地放在三個維度上來推進。

自覺推動新型國際關係、新型全球化、新型全球治理，打造人類命運共同體。金磚合作強調發展戰略對接，建設貿易投資大市場、貨幣金融大流通、基礎設施大聯通，實現聯動包容發展，促進國際分工體系和全球價值鏈優化重塑；金磚合作強調開放、包容、合作、共贏的金磚精神，自覺打造互聯互通的橫向全球化。金磚合作破中有立，在商業仲裁機制、降低儲備貨幣發行國家貨幣政策的風險等領域加強合作，發出變革全球經濟治理的金磚聲音，通過與西方發達國家既鬥爭又合作，推動

共商、共建、共享的新型全球治理進程。

自覺提升發展中國家權益。金磚國家是發展中國家的佼佼者、弄潮兒，發展中國家是其合作的基礎。金磚國家心繫發展中國家權益，努力提升新興市場國家和發展中國家在全球治理中的代表性和發言權。「金磚＋」機制自覺加強與發展中國家對話，推進南南合作，切實維護和增加廣大發展中國家的整體利益和福祉。

自覺推動國際秩序向更加公正合理的方向發展。金磚合作不僅要做國際秩序變革的「加速器」，推動國際秩序和國際體系朝著更加公平合理的方向發展，而且要團結協作，繼續致力於促進世界多極化和國際關係民主化，為人類社會的集體繁榮進步貢獻更多「金磚智慧」「金磚方案」。

自信與自覺中，金磚合作金光奪目。

第五節　深化國際交流　共創合作共贏

一、16＋1讓中東歐更好融入歐洲

如果說「中國在分裂歐洲」，那這是對中國—中東歐合作的最典型污蔑。然而，歐洲一部分人，尤其是一些「老歐洲」卻抱有這樣的情緒和誤解，甚至是敵意。

《南德意志報》十一月二十八日發表了一篇社論，標題是「中國與十六個小矮人」。僅從這個標題，就能感覺到一股強烈的情緒。文章寫道：「中國瞭解歐洲的薄弱點和突破線。憑藉著二〇一二年創建的『16＋1』（中國—中東歐峰會）的模式，中國打開一扇通向歐盟的大門——這是一條繞開布魯塞爾的路。」其中，比較核心的看法是，他們認為利潤豐厚的訂單和中國投資對這些拮据的國家越重要，就越難對中國說「不」。

根據筆者在歐洲交流的感受，歐盟一些人主要擔心兩個問題：第一，中國可能會加大努力，利用其在中東歐正在建立的影響力來阻礙歐盟對中國的某些共同政策；第二，「16＋1」合作機制中的某些國家可能會利用與中國的牢固關係，來加強與布魯塞爾談判時的立場。

簡而言之，就是歐盟擔心影響力下降導致中東歐國家不聽話，進而破壞標準。

其實，中國始終把「16＋1」當作中歐關係的有機組成部分，服務於中歐四大夥伴關係建設。中國也是完全按照歐洲標準與十六個國家打

交道，其中十一個歐盟成員國自不必說，五個巴爾幹國家也是如此，幫助它們提升競爭力加入歐盟。至於它們「不聽話」，本來在難民問題上已經不聽話，這是歐盟的內政，中國沒有介入。所以，那些「老歐洲」根本不應該擔心「16＋1」會助長波蘭、匈牙利、捷克的離心傾向。

而且，部分歐洲媒體和人士也在誇大其詞，拿中國來說事兒。中國在該地區做出的投資承諾有很大一部分尚未結出果實，而且與歐盟的投入也無法相比。例如歐盟在二〇一四年至二〇二〇年期間僅向波蘭一國就提供了八百六十億歐元。

英國「脫歐」引發歐洲的分與合，致使歐盟對自身團結非常敏感，這可以理解。但把「分裂歐洲」的罪名扣在中國頭上，扣在「16＋1」合作機制頭上，實在是言過其實、不負責任。

主觀上，中國沒有「分裂歐洲」的意圖，相反，中國始終支持歐洲一體化，這是世界多極化的重要組成部分。一個分裂的歐洲對中國有百害而無一利。而且，中國是「合」的文化。

客觀上，「16＋1」可以說是繼中國—東盟「10＋1」合作之後中國提出的又一成功合作機制，從三個方面幫助中東歐國家更好融入歐洲：

一是幫助削減歐洲東西方發展差距。保加利亞與盧森堡，人均GDP差了一個數量級。「16＋1」說明歐盟區域融合，尤其是助推五個巴爾幹國家加入歐盟。

二是幫助消除中東歐國家內部發展差距。例如波蘭東西部發展差距大，但是在「16＋1」的機制下有望得以消除。中國—中東歐國家地方領導人會議、地方省州長聯合會所展示的地方合作機制，成為「16＋1」合作新引擎。

三是互聯互通。「16＋1」是「一帶一路」對接歐洲的先行者，是中歐陸海聯通的紐帶與橋梁。匈牙利總理歐爾班曾表示，對包括十一個歐盟成員國在內的這十六個中東歐國家來說，僅僅依靠歐洲的投資不足

以充分挖掘它們的潛力。「出於這個原因，我們歡迎這樣一個事實，即作為新經濟世界秩序的一部分，中國希望參與這個地區的進步和發展」。

為推進歐亞大陸的互聯互通，截至二○一七年六月，中國各地開通歐亞快線的城市已有二十八個，比海運縮短一半時間，當然成本也高出海運一倍。這主要是未達到規模經濟，政策、技術聯通不夠，返程空載率很高。這些問題都正在得到解決。

從「16＋1」合作機制設計上來看是開放透明的，歐盟從一開始就是觀察員，希臘、奧地利等歐盟成員國和歐洲復興開發銀行也都是觀察員。

也許，從另一個角度看，一些「老歐洲」的擔心正說明了「16＋1」合作的成功，觸動了他們的乳酪。當然，我們也要適當照顧「老歐洲」的關切，可推動更多歐洲國家和銀行作為觀察員加入。至於有人抱怨中國國企不公平競爭，不符歐洲的法治、環保等領域的標準，更應該強調中國發展導向的全球化與歐洲規則導向的全球化並行不悖，最終是創造條件實現歐盟標準。

二、中歐合作，以確定性對抗不確定性

在民粹主義和保護主義興起、世界不確定性增加的時代背景下，中歐關係成為國際社會雙邊關係中的亮點。

中歐合作以其確定性應對不確定性挑戰，給全球化、全球治理帶來了正能量。中歐合作的確定性，越來越從過去推進世界多極化進程，轉向現在的共同推進全球化、全球治理與多邊主義等方面。

首先，中歐成為全球化的共同推動者。美國總統特朗普首次訪歐就說德國「非常壞」，強調德國向美國「傾銷」了大量汽車，這讓德國和

歐洲非常不爽。德國總理默克爾近日公開表示，保護主義和孤立主義短期或有些許甜頭，但中長期將削弱本國創新能力和發展潛力，逆全球化將把德國在內的所有國家引入發展的「死胡同」。

事實情況也是，全球化做大做強了中歐利益紐帶。二〇〇四年以來，歐盟連續位居中國第一大交易夥伴，中國也多年保持歐盟第二大交易夥伴地位。中歐貿易、投資的強勁增長，有效扭轉了逆全球化趨勢。

其次，中歐成為全球治理的倡導者，引領全球發展模式轉型。跨大西洋關係齟齬不斷，促使歐洲尋求與中國在氣候變化以及海洋、極地等全球治理問題上的合作。除了在推動全球低碳經濟發展、引導能源轉型方面加大合作力度，中歐雙方還同意著眼於幫助世界上最貧窮的國家發展更綠色的經濟。歐盟和中國也同意在推廣電動汽車、能效標識和追求綠色創新的科研上展開合作。雙方還將致力於促進可再生能源發展，如推動互聯電力網絡。中歐為支援脆弱國家而進行的合作將是「有意思的突破之一」，超越了發達國家和發展中國家在氣候變化問題上的「傳統鴻溝」。

第三，中歐成為多邊主義的實踐者，對沖保護主義、民族主義的消極影響。美國特朗普政府與七國集團其他成員國在貿易和氣候變化問題上產生矛盾，讓歐洲更重視與中國踐行多邊主義的合作。德國總理默克爾暗示大西洋兩岸的分歧深化，表示歐洲不再能夠「完全依靠別人」，而需為自己的未來奮鬥。歐洲朝著獨立自主的方向發展，為推行有效的多邊主義帶來更強勁的動力，對推進全球開放、維護多邊體系意義重大。

正因如此，倡導多邊主義和開放包容合作理念的「一帶一路」倡議，深為歐洲所看重。「一帶一路」倡議提出後，中歐關係在「五通」各領域均取得不少進展，形成五大合作平臺，「一帶一路」與歐洲投資計劃逐漸對接，中歐投資基金開始運作，這些都增強了國際社會對多邊

主義的信心。

值得一提的是，中歐班列為推進「一帶一路」建設提供了運力保障。中歐班列將愈發促進中歐合作，相關的物流、資訊流將增強中歐貿易的內生動力。

在中歐關係總體穩步提升的同時，我們也不能忽視中歐關係正在遇到的一些新阻力，尤其是中歐結構性矛盾正在變得更加突出：雙方互補性下降而競爭性上升，價值觀分歧集中在對全球化標準的認定上。具體而言，中歐關係越來越體現在發展導向的全球化與全球治理，還是規則導向的全球化與全球治理之爭。

同時，歐洲國家看中國的心態早就變了，不再把中國視作發展中國家，而且要求對等開放，進而在從傳統貿易不平衡到投資不平衡等方方面面，不斷對中國施壓。源自傳統意識形態一些分歧，比如勞工權、環境權等人權內容，以及歐洲國家對於中國國有企業補貼、政府採購等模式的拒斥，都使中歐投資協定等談判進展艱難。

另外，歐盟對中國《網路安全法》《境外NGO管理法》甚至《反恐法》都抱怨頗多，認為它們損害歐洲企業在華投資環境。歐洲國家一方面希望中國進一步開放金融等高端服務業市場，強調公平貿易，但同時又在中國對歐投資並購和高技術產權等方面設置障礙。

歐洲對「一帶一路」的興趣總體上不斷上升的同時，質疑也一直存在。比如，中東歐國家經濟增長前景較好，對「一帶一路」倡議更為積極，但另外一些歐洲國家或機構，仍存在著以「規則導向」來質疑「一帶一路」的「發展導向」，甚至認為如火如荼的中國—中東歐合作是在歐盟內部建立「長城」，對歐分而治之。

中歐關係已過不惑之年。無論如何，共同推進全球化、全球治理和多邊主義，已經彰顯中歐關係的全球意義和戰略價值。在新喜與舊憂並存的情況下，中歐經貿合作還是需要不斷拓展，比如加大在數位經濟、

服務貿易等領域合作，以彌補傳統貿易的不足，同時打造創新合作夥
伴，展開電動汽車、5G等新領域的國際標準合作，共同開發協力廠商
市場等等，這些都將給中歐關係帶來新的動力。總體而言，中歐關係的
新使命和新期待，正在克服前進中的阻力，給世界帶來更多正能量。

三、中國不應是西方制度失靈的靶子

　　澳大利亞、紐西蘭、德國等西方多國相繼指責中國對它們搞滲透，
威脅其國家安全。「中國威脅論」儼然有了新變種——「中國滲透論」。
以前西方在涉及中國主權與內政事務上小動作很多，如今為何擔心起中
國干涉其內政？因為攻守之勢異也，中國正從西方的「隱憂」變成「顯
慮」。

　　西方內部價值觀分歧也逐漸明顯。百分之五十九的德國人認為歐洲
處在錯誤的方向上。特朗普推行的「美國優先」，讓歐洲不得不加強防
務與安全合作，不再只寄希望於跨大西洋聯盟。日本指望特朗普三年後
下臺美國繼續領導世界，也無非是撿起過時的西方認同，來表達面對中
國崛起的焦躁不安。西方財團正將中國推向全球民粹主義者的靶子，轉
移對特朗普無法領導世界的視線。

　　以「西方」自居者，的確有值得抱怨的地方：中國從勞動力、技
術、資本等市場各要素全方位挑戰西方比較優勢，甚至在制度、價值觀
層面衝擊西方霸權。中國成為西方國際競爭力下滑的眾矢之的。改革開
放以來，中國市場對西方投資者而言可謂遍地是黃金，西方企業長期享
受「超國民待遇」，對此習以為常。如今，中國越來越多地將反壟斷調
查的大棒舉向美國等西方國家品牌，西方媒體的抱怨與驚詫，由此而
生。

　　以「西方」自居者，的確也有值得擔心的地方：歐洲人多認為中國

已是超級大國，擔心中國成為另一個美國。美國擔心中國效仿俄羅斯，更擔心中國從產業鏈低端向高端邁進，直接挑戰其國際競爭力，於是以制定全球化新標準來扭轉中國的趕超勢頭。

以「西方」自居者，的確也有炒作之嫌：為尋求對中國強硬的合法性，先打造「中國強硬論」，以證實對華強硬的正當性與必要性。因此，所謂中國滲透西方，完全是自我實現的預言。指責中國掀起反西方輿論也是為掩飾其自身的經濟放緩、貧富差距與腐敗問題。

西方輿論借中國說事兒，抱怨、擔心、炒作的動機都有，只能說西方未適應中國，未適應世界，也未適應自己的新角色。一九六〇年十二月五日，美國前國務卿艾奇遜在西點軍校的講話，曾如此挖苦英國：「大不列顛已經失去了帝國，卻還沒有找到新的角色」。今天，這種情形似乎輪到了自己頭上——西方霸權地位漸失，卻還沒有找到新的定位。指責中國滲透，就是不甘心。

這也提醒我們，中國與西方的關係正在步入新常態。我們該批判的批判，該反壟斷的要反壟斷，不應有什麼「特區」。為構建公平法治的社會秩序和健康友善的輿論環境，要將西方還原為一個地方性概念。這就要求我們告別中西、體用思維定式，告別「百年國恥」的祥林嫂形象，告別「西強我弱」的阿Q精神，告別「排出九文大錢」來買國際話語權的孔乙己心態。對於西方的彆扭心態、上綱上線做法和小肚雞腸心思，我們也要逐漸適應和習慣。因為，中國與西方在相互適應新常態。

其實，所謂的西方，也已經「終結」。美日歐情形各異、心態有別。倒是澳大利亞等國輿論，打著中國「滲透西方」旗號挖掘中國挾制西方的蛛絲馬跡，以一種受害者情結看待與中國關係所發生的歷史性變化。中國大可不必把一些英語媒體當作西方聲音或國際輿論，在淡然處之的同時，也要推動西方儘快適應新常態，建立「四個自信」，實現人類自信，這是接下來中國公共外交的挑戰。

四、偉大復興不以趕超美國為目標

對標美國來衡量中國的發展成就和綜合國力，這在我們的學界和社會上都很流行。雖然在哪些方面或什麼時候「超美」的問題上爭議很大，但很少有人質疑趕超美國目標本身。而問題恰恰就在這裡：中國綜合國力超越了美國怎麼樣，沒超越又怎樣？我們為什麼總把「趕超美國」作為目標呢？

現在一提到「趕英超美」，人們往往想到的是「大躍進」時的教訓。改革開放以來，中國再沒明確提出過趕英超美這樣的計劃，現在提出的「兩個一百年」目標和「兩步走」戰略，著眼的也是實現現代化和中華民族偉大復興，它們都不是「趕英超美」那樣的量化指標。中國追求現代化的歷程不能陷入超美情結不能自拔，如果任何現代化都只能以西方最高標準來衡量，那不僅是中國現代化的悲哀，也是人類現代化的悲哀。從人口規模上看，中國是「十億級」的現代化，並且正走出一條新型現代化之路。我們正在給人類現代化留下自己的定義，為什麼還要用「億級」的美國現代化作為衡量標準呢？更何況，這個億級的美國現代化還是資本主義的現代化。

更可笑的是，有人甚至用馬克思一個半世紀前描繪的社會主義或古巴模式、北歐模式，來衡量和質疑中國是不是社會主義國家。現在的中國已是社會主義國家最成功的實踐，很大程度上，我們也在定義著社會主義。馬克思當年提出社會主義的時候，他也沒有見過社會主義，不知道它到底是何樣貌。今天的中國仍然處在社會主義初級階段，但這個初級階段跟二十世紀八十年代的初級階段比起來已有很大變化。隨著新時代的藍圖進一步鋪開，我們的社會主義事業還會迎來更高水準發展。

美國盯著世界，而我們盯著美國；美國從後天看明天，而我們從昨天看明天。對標美國，不是中國該有的心理和做法。中國何時才能走出

我們的近代情結和美國情結，何時才能更新我們處理中外關係或國際關係時的思維呢？

今天的中國面臨三重分化：分化的世界、分化的西方、分化的國際政治。這需要我們有新的思維。中國外交思維要更注重領域邏輯而不是大國邏輯，眼光要能兼顧國家間政治和領域政治，比如在互聯互通領域，新加坡、巴拿馬是關鍵小國；在金融領域，是城市而非國家在起連接點作用。我們要從結構性權力、體系性權力來看國家競爭力，而不是一直在過去的大國競爭量化指標中打轉。經濟總量、綜合國力這些概念依然重要，但它們根子上畢竟是一戰後總體戰、冷戰思維產物，在如今和平與發展時代不能再成為國家間比拼的唯一指標。國家競爭的主題、基調在變，不是誰撂倒誰、超越誰，而是要看誰能解決人類面臨的共同難題。「一帶一路」倡議、人類命運共同體等理念，表明我們已經開始建立新型全球化標準，樹立新的全球治理觀。

新生產力、新生產關係競爭才是二十一世紀的主題。正如打敗尼康相機的不是索尼而是智慧手機，打敗康師傅的不是統一速食麵而是網店。中美不存在什麼「修昔底德陷阱」，中國要警惕的是思維陷阱。中國由大到強的實質，是從應用到創新、從追趕到引領的方向轉變。世界有三大「原力」──美國代表的創新力、中國代表的應用力、歐洲代表的思想力。中國的國際戰略應是與美國合作創新，與歐洲合作創造思想，實現彎道超車、變道超車。比如數字領域中美「G2」超歐日，可持續發展領域中歐「G2」超美國。注意，這裡的「超」是「超越」，而非「趕超」。

相應地，中國外交戰略要從「大棋局」向「大時局」轉變：理順時間邏輯而非空間博弈，成為我們面臨的挑戰。比如，印度是中國空間上的競爭者，但卻是時間上的夥伴。中印相處的邏輯是以時間規避空間，實現命運與共。而中日關係則相反，要設法走出時間邏輯──從甲午、

抗戰思維中解放出來，著眼於空間布局，爭取日本。

　　老子教導我們：「以身觀身、以家觀家、以鄉觀鄉、以邦觀邦、以天下觀天下。」中國的發展有其自身邏輯，也正生成新的思維，我們既不把眼光滯留在中國過去的成就上，更不以美國等西方國家現在的成就為參照系。不以趕超美國為目標，意味著我們不是以美國為標準觀天下，而是以天下觀天下，在此基礎上摒棄那些源於海權與陸權相爭的博弈思維，轉而樹立陸海聯通、四海一家的理念。這是我們確立話語權自信，樹立新全球觀的應有之義。

第六節　開創包容性全球化人類新文明

「一帶一路」不是簡單的復興古代的絲綢之路。習近平主席提出的「一帶一路」倡議只是借助了古絲綢之路的歷史記憶，啟動絲路精神——和平合作、開放包容、互學互鑑、互利共贏，關鍵字是二十一世紀，開創二十一世紀新的合作模式。空間上，也不是簡單的六十五個國家，加強彼此之間的互聯互通，科技園區、科技合作是其中的應有之義。我們要淡化所謂六十五個國家的概念，「一帶一路」的特點是開放、包容，所有的國家都可參與。這就是時間上和空間上的糾偏。

人類有兩大創新模式，一種是美國節省勞動力的效率驅動型；第二種是歐洲節省資源的可持續發展的創新模式。這兩種創新模式都會遇到一個很大的問題，就是無論是從哪一個角度，總之是要錢，是資本驅動的創新。美國創新往往還是圈錢的手段，造成強者更強、弱者更弱的局面。「一帶一路」沿線國家的優勢多在勞動力與資源，美歐創新模式帶來災難。沒有錢、又落後又要搞創新，擺脫被動局面，怎麼辦？「一帶一路」倡議很大程度上解決了傳統經濟解決不了的問題，發掘而非傷害其比較競爭優勢，實現彎道超車。

中國的發展模式是政府和市場雙輪驅動，通過開發性金融培育市場，讓這些落後國家在競爭中能夠補短板，培育市場之後在全球金融市場上融資，提升他們的生活水準。如果沒有這樣一個階段，這些國家會越來越窮和落後，創新會加大這個社會的不公正。資本導向的新自由主義全球化導致熱錢氾濫成災，凡是熱錢到達的地方經濟一片繁榮，凡是熱錢離開的地方經濟一片蕭條。「一帶一路」就是要解決這個普遍性的

難題，讓金融資本服務於實體經濟，造福廣大老百姓。

這樣，「一帶一路」講的創新不僅僅是一般的技術創新，不是資本驅動的創新，是合作模式和理念的創新，開創人類新文明，我把它稱之為包容性全球化推動的新型文明。

一、什麼是包容性全球化

中國為什麼發展這麼快？老百姓的解釋是：要致富先修路，要快富修高速，還可以一句話，要閃富通網路。中國的技術、市場應用能力很強，很多的科技發明不是中國人的，我們把它用到了極致，就像互聯網。中國新四大發明（高鐵、支付寶、共享單車和網購）可以幫助你實現彎道超車。發達國家的技術和中國的應用能力的結合，開創第三方市場。「一帶一路」把很多的國家囊括在一起，這就是引起廣大國家反響的一個原因之一。

人類不斷在創新，在不斷地解決問題中又產生新的問題，最後就是「創造性毀滅」。所以，我提出包容性創新理念。所謂的包容，首先就是不同的國家、不同的發展水準之間要包容；其次，不同的行業、新興產業、傳統產業之間也要相互的包容。最後就是不同的地區之間也要相互的包容。怎麼樣實現三大包容？

傳統創新的驅動力是分。歐洲人開啟了全球化，把世界越分越細，我們要合，怎麼合？原來的創新在分的基礎上造成了智慧財產權、專利，導致了大量的壟斷和競爭，同時創造了財富。如果不解決創新源泉的問題，這個趨勢還會繼續下去，尤其是對發達國家來說，創新讓有錢的人更有錢。

英國歷史學家湯因比四十多年前曾預言，西方的問題可能越來越多以儒家文明為代表的東方文明中尋找答案，因為東方文明強調人類之間

的和諧、包容和可持續。習近平總書記指出，「一帶一路」是「和平之路、繁榮之路、開放之路、創新之路、文明之路」，為了解決和平、發展和治理的「三大赤字」，正在開創人類新文明，開創國際合作的新紀元。「一帶一路」堅持「共商、共建、共享」原則，強調開放包容，超越近代殖民主義、帝國主義、霸權主義，創造沒有霸權的時代，開創東西和諧、南北包容的未來。天下大勢，合久必分，分久必合。今天的「合」，就是互聯互通。這種互聯互通不僅是國家之間、地區之間、發展行業之間的，更重要的是橫向的包容性全球化。

不同文化產生不同的行為。在一四五三年奧斯曼帝國崛起時，切斷了古代的絲綢之路，人類就進入海洋決定人類命運的時代，也是近代的殖民時代。看看當下的世界全球化，把美國NASA的世界夜晚燈光聚集在一起，燈光聚集在北美、東亞、歐洲的沿海地區，廣大內陸地區一片漆黑，非洲還有五億人都沒有電。「一帶一路」就是給這個世界點燈，讓這個世界實現工業化。物流主要集中在大西洋之間，互聯網更不用說。中國現在全面部署IPv6，在新的物聯網和互聯網有一個領先的位置，來改變這樣不公平的處境。中國提出的「一帶一路」引起了世界上廣泛的反響，因為中國的工業體系最獨立而完整。中國在二〇一〇年加入世貿組織之後，二〇一〇年超過美國成為第一大工業製造國。在全球產業鏈的分工中，中國正處在向高端邁進的過程中，以前是和發達國家合作，現在越來越有競爭關係，而與廣大「一帶一路」沿線國家的互補性很強，它們在全球產業鏈位置低於中國。中國可以引領價值鏈的重塑，可以帶動發展中國家一起發展，這就是「一帶一路」講的怎麼樣解決創新，不會進一步造成貧富差距的一個原因。

我們通過各種各樣的方式，比如產業園區，傳播中國改革開放經驗，培育「一帶一路」國家市場，幫助這些落後國家擺脫貧困，幫助他們解決人類發展不平衡的問題。

二、什麼是「一帶一路」

第一，「一帶一路」的關鍵字就是互聯互通。能源、互聯網、電網、鐵路等等各個方面連在一起，就是要減少差距。第二，產業集群。中國的產業走出去是整個產業鏈。按照中國的說法就是既包你結婚，還包你生孩子，還會把你的孩子培養成人。第三，「一帶一路」把東亞和歐盟聯繫在一起，推進歐亞大陸的互聯互通。

「一帶一路」是一個重大倡議，一個在陸上，一個在海上。有三個原則：共商、共建、共享。有四個關鍵字：國際產能合作、互聯互通、戰略對接和開發協力廠商市場。「一帶一路」沿線六大經濟走廊中，其中有八個是欠發達國家，二十四個人均發展指數低於平均水準，其中有十六個沒有加入世界貿易組織（WTO），這些國家如果完全地按照現有的原則走下去會越來越窮，我們必須解決這樣的一些問題。我們現在的布局中很大程度上就是解決人類發展的不公正、不合理、不可持續的問題，開創地區之間、國家之間、行業之間的包容性的全球化。按照麥肯錫的預測，「一帶一路」到二〇五〇年會形成三十億中產階級，會啟動百分之八十的經濟區域，可以說帶動了一種新型的全球化。

三、為什麼我們要強調創新

今天幾十億人倡議全球化和工業化，我們用原來的合作模式一定是不行的，原來的工業化從千萬級人口的歐洲開始到美國的上億級規模，今天的世界是幾十億人再搞工業化、全球化，我們的網民就有七點五一億。因此，西方的價值不可能是普世價值，必須要創新。這個創新就是合作模式的創新、理念的創新，創新基於歷史，更著眼於未來。這個時代正好處於最糟糕、最壞的時代，風險越來越大。所以我們不僅要解決

中國的問題，也要解決人類面臨的普遍的難題。

　　針對世界電力短缺的問題，習近平主席在聯合國提出了智慧電網、特高壓、清潔能源三位一體的解決方案。尼泊爾沒有電，中國的葛洲壩幫助他們發電。這既實現了智慧化，又減少了碳排放。

　　「一帶一路」將發達國家、新興國家和發展中國家連在一起。創新要強調和美歐合作。有人說美國是創新力，歐洲是精神力，中國是應用力。這種合作可以從企業層面，也可以從地方層面著手。美國各個州對「一帶一路」非常積極。我們開創一個2.0版本的，將來可能延伸到美洲。某種程度上，「一帶一路」可能會再造一個中國，再造一個世界，開創互聯互通的全球化。

　　這種全球化比原來的模式更加公正、可持續。我們在5G應用上，包括智慧醫療、智慧城市已經取得了不少的成就。美國有一個學者也提出了互聯互通決定了二十一世紀國際競爭力，這是對「一帶一路」倡議的一個比較好的理解。

第七節 「一帶一路」的三大擔當

「絲綢之路經濟帶」與「二十一世紀海上絲綢之路」（簡稱「一帶一路」）的提出，是全方位對外開放的必然邏輯，也是文明復興的必然趨勢，還是包容性全球化的必然要求，標誌著中國從參與全球化到塑造全球化的態勢轉變。

從人類文明史和全球化格局看，「一帶一路」偉大倡議肩負三大擔當，具有「三五效應」。

一、推動中華文明的三大轉型

「一帶一路」肩負推動中華文明轉型的歷史擔當。

作為文明型國家，中國正在經歷從內陸文明向海洋文明、從農耕文明向工業（資訊）文明、從地域性文明向全球性文明轉型，這三大轉型不僅是五千年未有之變局，而且正在開創人類古老文明復興與轉型並舉的奇蹟。中華文明五千年連續不斷，未被西方殖民，又處於快速復興勢頭，可謂世間所僅有，這是中國提出「一帶一路」倡議的文明自信與文明自覺。

中華文明長期受制於北方威脅，局限於內陸。海防還是陸防，長期困惑中國的防禦布局；走向海洋還是西進，也不斷在困擾中國的發展布局。「一帶一路」明確中國同時從陸上和海上走出去，既發揮傳統陸上文明優勢，又推動海洋文明發展，使中國陸海文明協調發展，真正成為陸海兼備的文明型國家。

「一帶一路」首先是一個歐亞地區交通網絡：由鐵路、公路、航

空、航海、油氣管道、輸電線路和通信網路組成的綜合性立體互聯互通的交通網絡，將來還可在政策、交通、貿易、貨幣、民心等「五通」基礎上增加第六通——網通，建設網上絲綢之路，沿這些交通線路將會逐漸形成相關的產業集群，由此通過產業集聚和輻射效應形成建築業、冶金、能源、金融、通信、資訊、物流、旅遊等綜合發展的經濟走廊。因此，「一帶一路」是高技術之路，是以中國資本、技術換取歐亞大市場，推動中國製造成為國際標準，見證著中國從農耕文明到工業（資訊）文明的轉型。

「一帶一路」將中國十幾個省分與亞非拉廣大地區對接，並延伸到南太地區，甚至可能進一步延伸到拉美，將世界與中國互聯互通起來。隨著北極航線的開通，「一帶一路」重構了世界地緣政治、地緣經濟版圖，並推動中國企業包括軍工走出去，是中國提供給全球化的公共產品，標誌著中國從地域性文明向全球性文明轉型。

二、推動近代人類文明的轉型和回歸

「一帶一路」肩負推動人類文明創新的現實擔當。

首先是推動全球化向更加包容性方向發展。

傳統全球化由海而起，由海而生，沿海地區、海洋國家先發展起來，陸上國家、內地則較落後，形成巨大的貧富差距。傳統全球化由歐洲開闢，由美國發揚光大，形成國際秩序的「西方中心論」，導致東方從屬於西方，農村從屬於城市，陸地從屬於海洋等一系列負面效應。如今，「一帶一路」正在推動全球再平衡。「一帶一路」鼓勵向西開放，帶動西部開發以及中亞、蒙古等內陸國家的開發，在國際社會推行全球化的包容性發展理念；同時，「一帶一路」是中國主動向西推廣中國優質產能和比較優勢產業，將使沿途、沿岸國家首先獲益，也改變了歷史

上中亞等絲綢之路沿途地帶只是作為東西方貿易、文化交流的過道而成為發展「窪地」的面貌。這就超越了歐洲人所開創的全球化造成的貧富差距、地區發展不平衡，推動建立持久和平、共同繁榮的世界。

其次是推動歐亞大陸回歸人類文明中心。

東西方兩大文明經過歷史上的絲綢之路聯繫在一起，直至奧斯曼土耳其帝國崛起切斷絲綢之路（史稱「奧斯曼之牆」），歐洲才被迫走向海洋，而歐洲走向海洋也得益於中國的指南針、火藥等四大發明，經過阿拉伯傳到歐洲。歐洲走向海洋，以殖民化方式開啟全球化，導致絲綢之路衰落，東方文明走向封閉保守，進入所謂的近代西方中心世界。直至美國崛起，西方中心從歐洲轉到美國，歐洲衰落，歷經歐洲一體化而無法根本上挽回頹勢。如今，歐洲迎來了重返世界中心地位的歷史性機遇，這就是歐亞大陸的復興。歐亞大陸被英國地緣政治學家麥金德譽為「世界島」，其一體化建設將產生讓美國回歸「孤島」（布熱津斯基《大棋局》）的戰略效應，和讓亞歐大陸重回人類文明中心的地緣效應，重塑全球地緣政治及全球化版圖。歐盟的互聯互通與中國的「一帶一路」對接，以政策、貿易、交通、貨幣、民心這「五通」對接和平、增長、改革、文明這中歐「四大夥伴」關係，讓歐亞大陸回歸人類文明中心，並輻射至非洲大陸。

再次是創新人類文明，實現全球再平衡。

「絲綢之路」不僅是歐亞大陸貿易通道，也是歐亞文明交流的紐帶。「絲綢之路經濟帶」不僅在全球化時代繼承了古老貿易與文明通道，更在開啟陸上全球化以對沖海上全球化風險，開啟文明交流互鑑以實現歐亞大陸的和平與繁榮，並以經濟建設、政治建設、文化建設、社會建設、生態文明建設「五位一體」的理念開啟人類可持續發展新文明。「經濟帶」概念就是對地區經濟合作模式的創新，其中經濟走廊——中俄蒙經濟走廊、新歐亞大陸橋、中國—中亞經濟走廊、中國—

西亞經濟走廊、孟中印緬經濟走廊、中國—中南半島經濟走廊、海上經濟走廊等，以經濟增長極輻射周邊，超越了傳統發展經濟學理論。中國是世界最大貿易國家，卻奉行不結盟政策，提出與作為海上霸主的美國建設新型大國關係。這就要求中國提出二十一世紀海洋合作新理念，創新航運、物流、安全合作模式，通過特許經營權、共建共享港口等方式，推進海上與陸上絲路對接。「二十一世紀海上絲綢之路」貴在「二十一世紀」：既不走西方列強走向海洋的擴張、衝突、殖民的老路，也不去走與美國海洋霸權對抗的邪路，而是尋求有效規避傳統全球化的風險，開創人海合一、和諧共生、可持續發展的新型海洋文明。

三、推動中國夢的實現

「一帶一路」肩負著實現中國夢的未來擔當。

「一帶一路」與兩個「一百年」的中國夢契合。實現中華民族偉大復興的中國夢提出後，需要實現的可行路徑和路線圖。「一帶一路」就是實現中國夢的「絲路夢」，二〇二一年是首期工程，二〇四九年基本建成。

「一帶一路」視野下的中國夢，尤其體現在三個方面。

一是中國從融入到塑造全球化，從向世界開放到世界向中國開放的態勢轉變。近五十年來，中國通過朝鮮戰爭、中蘇論戰等確立了獨立自主的和平發展道路，但是中國始終不是世界潮流的開啟者。「一帶一路」的提出，標誌著中國對外開放戰略翻開了歷史的新篇章。從開放的內涵上來講：「引進來」轉向「走出去」，引進來和走出去更好結合，培育參與和引領國際經濟合作競爭新優勢，以開放促改革；從開放的廣度上來講：為發展中國西部地區，實施向西、向南開放的戰略，形成全方位開放新格局；從開放的深度上來講，順應世界區域經濟一體化發展趨

勢，以周邊為基礎加快實施自由貿易區戰略，實現商品、資本和勞動力的自由流動。

二是中國塑造歐亞一體化，鞏固大周邊依託。「一帶一路」構成的互聯互通將把作為世界經濟引擎的亞太地區與世界最大經濟體歐盟聯繫起來，給歐亞大陸帶來新的空間和機會，並形成東亞、西亞和南亞經濟輻射區。推進貿易投資便利化，深化經濟技術合作，建立自由貿易區，最終形成歐亞大市場。對域內貿易和生產要素進行優化配置，促進區域經濟一體化，實現區域經濟和社會同步發展。近年來，歐盟提出從里斯本到符拉迪沃斯托克的歐亞一體化戰略構想。俄羅斯也提出歐亞經濟聯盟戰略。「一帶一路」比這些更大、更切實、更包容。為此，中歐、中俄關係更具戰略，中歐俄合作將破解美國旨在通過TPP、TTIP等更高標準全球化排斥中國的企圖。中國在設置議程、機制和理念，不再是搭美國國際體系（如WTO）「便車」，而是讓亞非歐搭中國「便車」「快車」。「一帶一路」還是中國經營大周邊的倡議。歷史上，大國崛起無不先立足周邊，後輻射世界。周邊是我安身立命之所、發展繁榮之基。「一帶一路」以歷史上的文明共同體理念為基礎，按照經營全球化、歐亞一體化的戰略布局，打造中國大周邊的利益共同體、責任共同體、安全共同體，最終建設命運共同體，必將極大提升中國際影響力和軟實力。

三是重塑中國全球化戰略的比較優勢，全面提升中國競爭力。「一帶一路」是中國在全球分工體系中通過全方位開放塑造新的比較優勢。在新一輪全球化競爭中，中國從全球產業鏈低端向高端邁進，比較優勢也從勞動—資源密集向技術—資本密集升級。「一帶一路」就是從全球產業鏈高端向低端轉移優質產能的過程，將中國以互聯互通為基礎的相關行業人力、物力、財力、經驗、標準的全方位比較優勢充分發揮，全面提升中國在技術、資本、標準等領域的國際競爭力。

古代海陸絲綢之路曾是中國聯繫東西方的「國道」，是中國、印

度、希臘三種主要文化交會的橋梁；今天，絲綢之路重煥活力，成為新形勢下中國對外開放重要戰略布局。「一帶一路」沿線包括中亞、東盟、南亞、中東歐、西亞、北非等六十五個國家，四十四億人口，經濟容量約為二十一萬億美元，分別占全球的百分之六十三和百分之二十九。二〇一三年中國與「一帶一路」沿線國家的貿易額超過一萬億美元，占中國外貿總額的四分之一，過去十年中國與沿線國家的貿易額年均增長為百分之十九，較同期中國外貿額的年均增速高出四個百分點。今後還有更大增長空間。未來五年，中國將進口十萬億美元的商品，對外投資超過五千億美元，出境遊客約五億人次，中國的周邊國家以及絲綢之路沿線國家將率先受益。

「一帶一路」強調共建、共享、共贏理念，強調開放、包容原則，一是與當地已有合作架構的相容，儘量不另起爐灶；二是與域外力量的包容，不是排擠俄美歐日等域外勢力。這就在踐行「中國夢是世界各國人民追求美好生活的夢想相通」的理念。斯裡蘭卡夢、俄羅斯復興夢、印尼海洋強國夢、蒙古夢等與絲路夢對接，是「五通」的基礎。「一帶一路」要求將沿途國家、地區與中國戰略合作夥伴——全球夥伴網路接地氣，為此中國可擇機提出包容、開放、可持續的「絲路安全觀」，發布「一帶一路」白皮書，向國內外派宣講團，闡釋其意圖、策略，給當地帶來的好處，強調聯合國開發計劃署（UNDP）的前期貢獻，將「一帶一路」納入聯合國千年發展目標和包容性發展、可持續發展大框架，踐行十八大報告提出的「五位一體」理念，將建設「一帶一路」的「五通」思路發展為「五體」——文明共同體、利益共同體、責任共同體、安全共同體、命運共同體。

當然，「一帶一路」立足於中國國內的全面深化改革和全方位開放（三個自貿區、長江經濟帶、京津冀一體化），與亞太自貿區（FTAAP）構成「一體兩翼」，共圓中國夢。

總之，「一帶一路」既有實現中國夢的路徑選擇，又有大國崛起的話語權和比較優勢塑造的訴求，還肩負中國讓世界更美好的人類擔當。「一帶一路」是新的長征，是中國在沿途國家的宣言書、宣傳隊、播種機，將中國與有關國家的合作與友誼拓展與深化，極大提升中國製造、中國營造、中國規劃的能力與信譽，提升中國威望。五千年、五百年及五十年未有之變局，是「一帶一路」的「三五效應」，或曰三個「五」效應，每個「五」又含三個「三」，──「一帶一路」以「絲路夢」成就中國夢，助推世界夢。依此理念，傳播絲路文化、講好絲路故事、闡明絲路精神，是絲路公共外交的努力方向。

第八節 「一帶一路」提供國際公共產品

　　「一帶一路」是中國成為世界新領導型國家的標誌，也是中國推行新型全球化與新型全球治理的抓手，是實踐人類命運共同體的倡議。在當前國際形勢下，這三重使命集中體現於提供國際合作公共產品層面。

　　特朗普推行「美國優先」政策、歐盟陷入一體化危機、世界充滿不確定性，突顯國際合作公共產品供給嚴重不足。國際層面的生產力與生產關係矛盾日益尖銳。當今世界，是幾十億人在搞工業化、現代化和全球化，靠近代千萬級的西方提供公共產品日益顯得捉襟見肘。中國是十億級的工業化、現代化、全球化，是最大的發展中國家、新興國家和第二大經濟體，又處於東方文明古國的偉大復興中，世界盼望中國更積極地提供國際公共產品。中國也有通過提供國際公共產品來鞏固、擴大中國改革開放成果的需要，增強中國國際話語權。習近平主席為此提出「一帶一路」倡議，引發國際社會廣泛回應。「一帶一路」國際合作高峰論壇的盛況就是最好的注腳。世界對國際公共產品日益增長的需求與落後的供給能力之間的矛盾，就是建設「一帶一路」的動力。

　　「大時代需要大格局，大格局需要大智慧。」習近平主席的話表明，提供符合沿線國家需要、符合時代需求的國際合作公共產品，體現了中國的格局和智慧。這從歷史中得到啟示。十六世紀輪到荷蘭人崛起時，思想家格勞秀斯認為此前霸主西班牙和葡萄牙已經把陸地分為東西半球，而海洋是公共的，所以提出《國際海洋法》，促成十七世紀是「海上馬車夫」荷蘭的世紀。格勞秀斯沒有直接挑戰陸上理論，而是提出新的理論。「一帶一路」同樣不挑戰西方的秩序，而是著眼於打造開

放、包容、均衡、普惠的合作架構。

西方國家的公共產品理論體現在國內層面，強調私有制下，公共產品由政府提供；國際層面，強調無政府狀態，公共產品由霸權國家提供。「一帶一路」提供國際公共產品，超越了西方的理論與實踐。

一、「一帶一路」提供三類國際公共產品

「一帶一路」通過創設絲路基金、倡導戰略對接並倒逼西方改革先行國際秩序，為世界提供了物質、制度和精神的公共產品。

器物層面：物質性公共產品。全球金融危機爆發以來，中國成為世界經濟增長的主要引擎，平均三成的世界經濟增長來自中國經濟的拉動，超過第二位美國貢獻的一倍。「一帶一路」成為推動國際社會實現聯合國二〇三〇年可持續發展目標的重要合作倡議。倡議探討構建全球能源互聯網，推動以清潔和綠色方式滿足全球電力需求，就是典型例子。

全球金融危機爆發前，國際貿易增長速度是世界經濟增速的兩倍，而之後卻低於世界經濟增速，這是全球化處於逆轉的重要原因。未來十年，「一帶一路」將新增二點五萬億美元的貿易量，這給經濟全球化打了一劑強心針，帶來了希望。不僅如此，「一帶一路」建設推動中國與沿線國家的自貿區、投資協定談判——已完成十一個，並強調與沿線各國發展戰略和已有的合作機制對接，推動全球層面的投資協定談判進程，為全球化提供動力。

正如習近平總書記二〇一六年八月十七日在推進「一帶一路」建設工作座談會上的講話中指出的，以「一帶一路」建設為契機，開展跨國互聯互通，提高貿易和投資合作水準，推動國際產能和裝備製造合作，本質上是通過提高有效供給來催生新的需求，實現世界經濟再平衡。特

別是在當前世界經濟持續低迷的情況下，如果能夠使順週期下形成的巨大產能和建設能力走出去，支援沿線國家推進工業化、現代化和提高基礎設施水準的迫切需要，有利於穩定當前世界經濟形勢。

基礎設施互聯互通尤其體現了「一帶一路」的公共產品屬性和民生、發展導向。美戰略家康納在《超級版圖》一書中提出，未來四十年的基礎設施投入將超過人類過去四千年！傳統全球化中的關稅減讓，最多能推動世界經濟增長百分之五，而新型全球化中的互聯互通，將推動世界經濟增長百分之十至百分之十五。因此，「一帶一路」給全球化提供更強勁動力。彭博社預測，到二〇五〇年，「一帶一路」會新增三十億中產階級。「一帶一路」首先著眼於基礎設施的互聯互通。按照世界銀行前高級副行長林毅夫教授模型，發展中國家每增加一美元的基礎設施投資，將增加零點七美元的進口，其中零點三五美元來自發達國家。全球基礎設施投資將增加發達國家的出口，為其創造結構性改革空間。通過倡導基礎設施的互聯互通，「一帶一路」正在治療新自由主義全球化頑疾，引導熱錢流向實體經濟，正在消除全球金融危機之源。

制度層面：制度性公共產品。中國發起成立絲路基金、亞洲基礎設施投資銀行等新型多邊金融機構，促成國際貨幣基金組織完成份額和治理機制改革。絲路基金、亞投行、金磚國家新開發銀行和「一帶一路」，是「源於中國而屬於世界」的制度設計貢獻。亞投行不僅激勵國際金融體系變革，也在開創二十一世紀全球治理新路徑：Lean，Clean，Green（精益、清潔、綠色）；「一帶一路」聚焦構建互利合作網路、新型合作模式、多元合作平臺。倡導政策溝通、設施聯通、貿易暢通、資金融通、民心相通等五通，旨在構建互利合作網路、新型合作模式、多元合作平臺，攜手打造綠色絲綢之路、健康絲綢之路、智力絲綢之路、和平絲綢之路，為全球治理貢獻中國方案。

「一帶一路」體現了制度性公共產品的中國理念：共商、共建、共

享。這正是中國倡導的全球治理新理念。首先，中國倡導「共商」，即在整個「一帶一路」建設當中充分尊重沿線國家對各自參與的合作事項的發言權，妥善處理各國利益關係。沿線各國無論大小、強弱、貧富，都是「一帶一路」的平等參與者，都可以積極建言獻策，都可以就本國需要對多邊合作議程產生影響，但是都不能對別國所選擇的發展路徑指手畫腳。通過雙邊或者多邊溝通和磋商，各國方可找到經濟優勢的互補，實現發展戰略的對接。其次，中國倡導「共建」。「商討」畢竟只是各方實質性參與「一帶一路」建設的第一步，接下來要進一步做好「走出去」的服務工作，同時鼓勵沿線國家在引入資金、技術後培養相關人才，增強自主發展能力。只有做到了前面兩點，才能保證「一帶一路」建設的成果能夠被沿線國家所共享。

精神層面：觀念性公共產品。「一帶一路」更是啟動「和平合作、開放包容、互學互鑑、互利共贏」的絲路精神，探尋二十一世紀人類共同價值體系，建設人類命運共同體，展示了全球治理的東方智慧。二〇一七年三月十七日，聯合國安理會一致通過關於阿富汗問題的第2344號決議，呼籲國際社會凝聚援助阿富汗共識，通過「一帶一路」建設等加強區域經濟合作，敦促各方為「一帶一路」建設提供安全保障環境、加強發展政策戰略對接、推進互聯互通務實合作等。決議強調，應本著合作共贏精神推進地區合作，以有效促進阿富汗及地區安全、穩定和發展，構建人類命運共同體。此前的二月十日，聯合國社會發展委員會第五十五屆會議協商一致通過「非洲發展新夥伴關係的社會層面」決議，呼籲國際社會本著合作共贏和構建人類命運共同體的精神，加強對非洲經濟社會發展的支持。這是聯合國決議首次寫入「構建人類命運共同體」理念。

命運共同體思想繼承和弘揚了《聯合國憲章》的宗旨和原則，是全球治理的共商、共建、共享原則的核心理念，超越消極意義上「人類只

有一個地球，各國共處一個世界」，形成積極意義上的「命運相連，休戚與共」，就是不僅要在物質層面，還要在制度、精神層面上求同存異、聚同化異，塑造「你中有我、我中有你」的人類新身分，開創天下為公、世界大同的人類新文明。天下大勢，合久必分，分久必合。今天的「合」，就是超越國家的狹隘、利益差異，建立以合作共贏為核心的新型國際關係。命運共同體著眼於人類文明的永續發展，推動建立文明秩序，超越狹隘的民族國家視角，樹立人類整體觀，讓中國站在國際道義制高點上。

二、「一帶一路」提供國際公共產品的途徑：融通中國夢與世界夢

　　不同於近代以來西方的殖民主義、帝國主義和霸權主義，以國際掠奪、競爭為常態而合作、妥協為非常態，也不同於戰後西方對外援助等各種名目的國際合作模式，「一帶一路」依靠中國與沿線國家已有的雙多邊機制，借助既有的、行之有效的區域合作平臺，高舉和平、發展、合作的旗幟，主動地發展與沿線國家的經濟合作夥伴關係，把中國現在的產能優勢、技術優勢、資金優勢、經驗和模式優勢轉化為市場與合作優勢，將中國機遇變成世界機遇，融通中國夢與世界夢。

　　「一帶一路」讓世界分享中國發展經驗，讓中國拓展發展空間，核心是互聯互通。習近平主席指出，如果將「一帶一路」比喻為亞洲騰飛的兩隻翅膀，那麼互聯互通就是兩隻翅膀的血脈經絡。當今世界的和平與發展制約，多由不通造成。世界是通的，是我們的理念。「一帶一路」的要旨就是鼓勵各國走符合自身國情的發展道路——中國崛起之前，這被認為是走不通的。我們相信，沒有比腳更長的路，沒有比人更高的山。獨行快，眾行遠。「一帶一路」融通中國夢與世界夢，關鍵是鼓勵

沿線各國走符合自身國情的發展道路。

三、「一帶一路」提供國際公共產品的底蘊：中國模式

　　「一帶一路」倡議提出後，國際社會不只是抽象談論中國崛起，而是「一帶一路」，一下子把國際話語體系從近代幾百年拉長到兩千多年，解構了西方中心論，尤其是命運共同體超越普世價值，使中國站在人類道義制高點上。

　　「一帶一路」，全稱叫「絲綢之路經濟帶」和「二十一世紀海上絲綢之路」。有三個關鍵字，第一個是「二十一世紀」。「一帶一路」首先是由鐵路、公路、航空、航海、油氣管道、輸電線路、通信網路組成的綜合性立體互聯互通的交通網絡，其核心詞是互聯互通——萬物互聯、人機交互、天地一體，鮮明體現二十一世紀特色。第二個講「帶」，是經濟帶經濟走廊與經濟發展帶，是中國改革開放模式經驗的體現。共建「絲綢之路經濟帶」，以點帶面，從線到片，逐步形成區域大合作。第三個講「路」。在中文裡，「路」還不是一般的路，是道路，「路」只是實現「道」的一種方式。「道」怎麼說的呢？今天的道就是命運共同體。因此，「一帶一路」不是一條，而是很多很多條，大家都有份，因為它是開放的、包容的。

　　通過說文解字，就不難明白，「一帶一路」既有中國文化又有中國特色的發展模式，但這個中國特色越來越對別的國家產生吸引力，具有世界意義。近年來，廣大發展中國家對西方模式日益失望，乃至絕望，而對中國模式越來越感興趣，讚賞中國脫貧致富、快速發展的奇蹟。過去，中國對外援助不附加政治條件，減少了發展中國家對西方的援助依賴；現在，中國投資模式又區別於西方模式，正在補發展中國家經濟發

展的短板。像烏茲別克斯坦這樣的雙重內陸窮國，按市場經濟是很難獲國際金融機構貸款的，但獲得了國家開發銀行貸款，彰顯「政府＋市場」雙輪驅動的中國模式魅力。印尼雅萬高鐵之所以中方擊敗日方勝出，就在於中方繞開了印尼方政府擔保的前提，背後都是中國國有銀行的支援。中國模式在非洲正大顯身手。非洲第一條中國標準跨國電氣化鐵路，從設計、施工到運營，全都採用中國模式。肯亞的蒙內鐵路和蒙巴薩港口建設也是如此。

「一帶一路」所蘊含的中國模式還包括以下五個方面。

經濟走廊：中國改革開放探索出一條工業走廊、經濟走廊、經濟發展帶模式，先在沿海地區試點，繼而在內陸港口城市和內陸地區試點推廣，形成經濟增長極、城市群，帶動整個中國的改革開放。

開發性金融：不同於商業性金融和政策性金融，開發性金融不只是金融活動，同時還是一個制度建設的活動。「一帶一路」沿線很多國家的市場經濟制度不健全，中國就希望通過金融服務的推廣來說明這些國家進行制度建設。這就是開發性金融。

開發區模式：利用開發區模式在「一帶一路」國家投資，有利於防範風險，抵禦外部干擾，保護開發者和投資者。不僅發展中國家在學習，發達國家也在試點。西哈努克港、皎漂港、瓜達爾港、蒙巴薩港成為柬埔寨、緬甸、巴基斯坦和肯亞的深圳，促進了這些國家的改革開放、路海聯通和經濟起飛。

義烏小商品市場模式：非常適合發展中國家的商業交易平臺模式。如今，結合跨境電子商務、互聯網金融，這種模式在中歐班列中大顯身手，有效推動了中小企業走出去，促進全球化的當地化。

地方合作模式：中歐班列從渝新歐開始的短短幾年，中國二十五個城市與歐洲十個國家的十五座城市建立了三十九對中歐班列，年運行近三千列，創造了地方合作的奇蹟。地方領導人的政績競爭及補貼模式，

雖然一度造成回程空車現象，受到歐洲一些人的非議，但形成規模、系統效應後長遠上將極大地推動歐亞大陸的互聯互通。

通過「一帶一路」提供國際合作公共產品，就是中國崛起後的天下擔當。習近平主席指出，今天的中國，前所未有地靠近世界舞臺中心，前所未有地接近實現中華民族偉大復興的目標，前所未有地具有實現這個目標的能力和自信。這就是「一帶一路」提供國際公共產品的時代背景。

第九節 「一帶一路」對接歐洲

　　歐洲是全球發達國家最集中的地方，擁有傳統的資金、技術、人才優勢。歐洲加入「一帶一路」建設，意味著「一帶一路」倡議具有更大的包容性和更高的標準，「得歐洲者得天下」。

　　中歐合作同時也面臨著一些障礙。例如，歐洲倡導的規則導向的全球化與中國倡導的發展導向的全球化衝突。歐盟提倡「一刀切」的高標準不適用於「一帶一路」沿線不發達國家等。過去歐洲人對「一帶一路」倡議的質疑主要出於地緣政治、債務、透明度、環保和可持續等標準問題。歐洲人瞭解「一帶一路」建設的過程，也是瞭解中國模式的過程。在雙方合作中，我們有必要抓住一些「要領」。

一、做大蛋糕，分好蛋糕

　　歐洲本身就有互聯互通和一體化的任務。比如「容克計劃」，「三河」（易北河、多瑙河、奧得河）通「三海」（波羅的海、亞得里亞海、黑海）計劃，泛歐鐵路網九條走廊線路改造，西歐基礎設施升級，填補中東歐基礎設施「窪地」，「南部天然氣走廊」計劃等。

　　在基礎設施領域，歐洲的設想和規劃與「一帶一路」倡議高度契合，雙方可以優勢產能互補。在歐洲內部，中國可以對接「容克計劃」，推進中歐互聯互通平臺建設；在外部，中歐可以共同開發協力廠商市場。「一帶一路」沿線很多國家都曾是歐洲的殖民地，歐洲人更瞭解這些市場，經驗也更豐富。

　　需要注意的是，中歐合作要妥善處理利益平衡問題。歐洲的事情比

較複雜，要做一些符合它們利益的做法，不能將非洲和中國國內的經驗簡單照搬過來。

對於中國的投資，歐盟一方面歡迎各國競標，另一方面又擔心這些專案會搶走地區就業、違反歐盟原則，失去頂尖技術和智慧財產權優勢。例如，德國政界就曾以擔心技術外流為理由，多次要求阻止「美的」收購「庫卡機器人」。因此，在「一帶一路」產能合作、自由貿易、共同投資協力廠商市場當中，既要做大蛋糕，也要分好蛋糕。

二、歐洲多層治理，「一帶一路」多層對接

政策溝通是專案合作的第一步。在此過程中，不能簡單以國家為單元，需要瞭解歐盟多層治理的概念。

歐洲很多時候是五層治理結構——歐盟、國家、大區、省州、市鎮。溝通既要從上而下，也要從下而上。第一要遵守歐盟的原則和法律，第二要對接各國的發展計劃和政策，第三要瞭解國家內部各層級的政策。

比利時大區和中央政府政策不一樣，但兩者地位是平等的。歐盟各國既是一個獨立的國家，也是歐盟的一員，在基礎設施、貿易、投資方面採用歐盟統一標準。例如，中東歐的一些國家將一部分權力讓渡給歐盟，在這些國家的項目就要和歐盟溝通。

建議在各區域中找一個示範國家，以帶動各個地方的積極性。比如南歐的希臘、中東歐的捷克和匈牙利、北歐丹麥以及西歐的英國等。

中國—中東歐「16＋1」合作目前是一個亮點。當前，中東歐國家「向東看」，希望可以成為連接歐亞的橋梁，這些國家參與「一帶一路」建設最為活躍，但德國等歐洲大國擔心「16＋1」可能分化歐洲。鑑於此，中國需更多平衡多邊與雙邊關係，積極推動中小企業投資中東歐地

區。

　　英國脫歐後更看重「一帶一路」建設的發展機會，積極以「英格蘭北部振興計劃」與之對接。英國的金融服務業很強，在資金融通領域尤其人民幣國際化方面可以有所作為。

三、抓住合作亮點，從文化角度切入

　　數字互聯互通也是一個亮點。在互聯網和移動通信市場上，歐洲現在落後於中美。在世界十大IT行業中，四家在中國，六家在美國，歐洲不在其列。

　　與此同時，中國和歐洲在單一數字市場上仍有很大合作空間，比如5G。中國現已走在5G發展前沿。德國應該吸取經驗，選擇與中國聯手。網路安全、電子商務、共享經濟也是切入點，比如摩拜單車進入英國後口碑很好。

　　文化是另外一個切入點。中國是絲綢之路的起點，歐洲是絲綢之路的終點。「一帶一路」建設的民心相通之道，不只是加強相互瞭解，更在於創造共同記憶、共同身分、共同未來。

　　中國與歐洲在倡導多邊主義和開放包容合作、支持自由貿易和推動全球化、支援氣候變化《巴黎協定》等方向目標一致。二〇一六年，習近平主席在烏茲別克斯坦提出打造綠色、健康、智力、和平的絲綢之路，恰恰與歐洲心目中理想的絲綢之路高度契合。

　　法國在歐洲一體化中的作用非常重要，在文化、經濟、政治文明等方面對歐洲有著深遠影響。博鰲亞洲論壇在法國巴黎舉辦「一帶一路」相關會議，可以試著從文化的角度切入，啟動關於「一帶一路」的歷史文化想像。

第十節　打造新型全球治理模式和新型共同體

　　「一帶一路」重大倡議是中國為推動經濟全球化深入發展而提出的國際區域經濟合作新模式。該倡議高舉和平發展的旗幟，以「共商、共建、共享」為原則，致力於實現亞歐非大陸及附近海洋的互聯互通，建立和加強沿線各國互聯互通夥伴關係，構建全方位、多層次、複合型的互聯互通網路，實現沿線各國多元、自主、平衡、可持續的發展。「一帶一路」倡議提出後，引發世界熱議，在得到沿線國家積極回應的同時，也面臨諸多挑戰。「一帶一路」倡議是中國在新時期講好中國故事、開創新型全球化的重要途徑。該倡議將實現中國從追隨者到參與者再到引領者的角色轉變；同時，中國在推行該倡議的過程中面臨國內外的雙重質疑和諸多挑戰。

一、新的角色：從追隨者到參與者再到引領者

　　談到中國在全球治理中的角色，最初並非用「參與」這個詞來說明。這種關係是從原先的「追隨」變為「參與」，再從「參與」走向「引領」。

　　由於我們國家的近代文明較為落後，處於「落後就要挨打」的局面，因此人們總是覺得外國的月亮比中國要圓，外國就代表著現代化，代表著先進，某種程度上代表著近代文明。因此，對照歐美的發展，我們一直扮演著「追隨者」的角色。新中國成立後，中國加速發展自身，以期自立於世界民族之林。但我們在飛速發展、視他人為參照系並不停

進行追趕時，容易在過程中迷失自我，而僅僅成為別人的複製品。

十八大以後，中國發展的一個重要特點是扭轉了近代以來中國對西方發達國家過分追隨的局面，倡導平等地、橫向地看待世界。具體如何做，應涵蓋以下三點。其一，我們要自信，原因是中國尋找到了一條符合自身國情的發展道路。基於此，中國提出了「四個自信」——中國特色社會主義道路自信、理論自信、制度自信、文化自信。其中，前面三個最終是要落實到文化自信當中去的。如果沒有文化自信，其他如政治制度、發展模式、思想觀念等的自信就沒有了根基。其二，我們需要鼓勵他人自信，即鼓勵別的國家也走符合自身國情的發展道路。中國倡導每一個國家的命運都要掌握在自己手裡，而後才能形成一個「人類命運共同體」。其三，我們要相信我們能夠解決西方國家所不能解決的難題。這一點與原先的角色相比，已經實現了一定的超越。原來的中國覺得解決中國的問題就已經是對世界最大的貢獻了；而現在，我們要做的是為人類提供一種器物、制度、精神層面的公共產品，我們要擔當起自己作為世界重要成員的角色。

因此，當我們有了以上三點主要認識之後，境界已經高於原來。這一說法並不是不謙虛的表現，我們仍然需要繼續學習、繼續開放，但我們也需要對自身所具備的、中國式的統籌協調和標本兼治思維在全球治理中起到的重要作用有一個較為理性的認識。正如湯因比在二十世紀七十年代所預測的，將來解決西方文明、世界文明的問題，可能還要從東方文明，尤其是儒家文明方面尋找答案。因此，我們要自信，要相信我們國家有能力去解決世界上的問題。

在「一帶一路」建設中，如今的中國正在逐步實現新角色的轉變。從某種程度上來說，中國現在正在成為一個「引領者」。此處的「引領」主要包含以下三層含義。

第一，引領方向。「一帶一路」倡議下的全球化不能再是美國原先

的那套新自由主義全球化。世界上的「熱錢」多達五十萬億美元，「熱錢」到哪個地方，哪個地方就經濟繁榮；一旦撤走，這個地方就一片蕭條。美國在某種程度上就是通過這種方式來干涉別國內政，甚至顛覆一個國家政權的。如此，以美國為首的西方國家所「鎖牢」的是對沖基金（hedge fund）。但是實際上，西方發達國家所倡導的這種全球化在某種程度上來說是在散泡沫，各種所謂的金融創新項目，名目繁多得讓老百姓不知所以。

而中國所倡導的金融是要服務於實體經濟的。中國的「一帶一路」倡議就是聚焦於實體經濟，其中，最有代表的實體經濟就是基礎設施。現在所說的基礎設施升級換代，不是簡單的修路造橋，還有數位化、智慧化等。以前的基礎設施是「鐵公機」，今天是天電網、陸海空、人機交互、萬物互聯。以泰國為例，泰國的電線到處都是，不僅影響美觀，還容易造成安全事故。這些問題在將來都要通過數位化、電子化、智慧化的技術加以解決。這條路任重道遠。

如今中國所提出的「一帶一路」倡議，某種程度上代表了全球化的一個新的方向，即全球化要向均衡、普惠、包容、可持續的方向發展。我們推崇「中式」，並非否定「西式」，「中式全球化」並不是表示要以中國為主導，我們所倡導的是在以前那種不可持續的、有問題的、虛擬化、泡沫化的全球化方向基礎之上，去引領一個嶄新的方向，這個方向是要均衡、普惠、包容、可持續。

第二，引領路徑。「一帶一路」倡議下所引領的路徑是共商、共建、共享。原先的全球治理，很少有國家願意和他國互相商量、共同建設。如今中國提出的「共商、共建、共享」，就表示對於「需不需要建設」「需要建設什麼專案」等問題，國家之間可以一起商量，建設的過程中一起分擔責任，建設成果由各國老百姓分享，而不是僅在國家層面上共享。如果能夠做到並且堅持這一點，那就真正地做到了為人民服

務，在國家發展過程中將會無往不勝；也只有知行合一，才能保證國家的長遠發展。

第三，引領合作。「一帶一路」倡議下所引領的合作是一種新型的合作，即中國要通過一些「中國創意」來為世界提供公共產品，引領世界上的新型合作與創新。以亞洲基礎設施投資銀行（AIIB）為例，亞投行一開始就以「機構精簡、廉潔、綠色」（Lean，Clean，Green）的高標準來進行基礎設施建設。甚至可以說，亞投行正在引領國際金融機構在制度觀念、運營模式方面的創新。需要注意的是，亞投行並沒有推翻原來美國建立的體系，它以美元作為基本貨幣單位，在中國和西方發達國家之間扮演著橋梁的角色。

總的說來，「一帶一路」倡議提出的意義在於：首先，「一帶一路」倡議標誌著中國在全球治理中正在實現從「追隨者」到「參與者」再到「引領者」的角色轉變，中國在國際關係中的話語權大大提升。其次，「一帶一路」倡議意味著中國正致力於打造一種新型的全球治理模式，開創一種新型的全球化。這個「新」在於國家間的發展與合作不再是單方面說了算，而是一個國家可以提出一些創意、一些設想，其他國家可以一起共商、共建、共享，一起琢磨如何更好地順應世界發展，如何更可持續地進步。實際上，這一倡議代表了國際社會的普遍利益，超越了原來的普世價值，引領人類未來合作的新方向。最後，「一帶一路」倡議符合世界多樣性和國際社會的發展需求。在全球治理中，其表現為各國應首要著眼於本國國內的發展，走符合自身實際的發展道路。中國提出「一帶一路」倡議，再次強調了國家自身應好好發展，國家應將本國命運牢牢掌握在自己的手裡。當下中國國內的脫貧致富、基礎設施建設、區域試點開發及推廣等問題，經過摸索和實踐之後，發現其適合走「先試點後推廣，以點帶線，以線帶片，逐步形成區域大國格局」這條富有中國特色的道路。中國比較適合走漸進式改革的路徑，以發展促安

全，以安全保障發展，進而通過國內的改革推動國際層面的改革，最終形成全球層面上的改革，而不是直接「一刀切」。

二、新的方案：智能電網、特高壓、清潔能源三位一體

「一帶一路」倡議在很大程度上涉及能源合作的問題。當下，很多國家都面臨能源短缺問題，目前仍有近十三億的人民沒有用上電。但若用傳統的方式（即煤和油）來發電，則會增加碳排放量，不利於環境治理。針對這一現狀，二〇一五年，中國提出了「三位一體」的解決辦法——即智慧電網（Smart Grid，SG）、特高壓（Ultra High Voltage，UHV）、清潔能源（Clean Energy，CE）的三位一體。

具體來說，第一是智慧電網。智慧電網就是我們現在正在改造的電網系統。原來電網系統中的電容易流失，利用率很低，也不智能。但是結合當下整個世界都在升級換代的大趨勢，電網系統也在逐步實現電子化、智慧化。

第二是特高壓遠程輸電。以阿富汗為例，當我們在阿富汗講起「一帶一路」倡議的時候，阿富汗的相關領導人表示他們要成為中國的「能源走廊」。由於阿富汗北部國家的能源十分充足，但南邊的巴基斯坦等國家則嚴重缺電，該國的相關負責人表示，要是能將這南北國家中的能源通道打開，就是很好的一件事情。因此，中國現在正在阿富汗的相關地區建設相應的工程，以此將北部的油、氣等能源變成電、特高壓，而後輸送到南邊。正如中國將青海的光伏通過二千多公里輸送到上海一樣，特高壓可以大大提升中國電網的輸送能力，保障電力能源不流失，在一定程度上也實現了對環境、人類安全的諸多益處。目前，中國的特高壓遠端輸電技術非常強，在「一帶一路」倡議下，阿富汗能夠借助中

國在這方面的技術優勢，成為「一帶一路」的能源走廊，這不僅解決了阿富汗自身的發電問題，而且解決了南部國家的電力短缺問題。

第三是清潔能源。我們有西電東送、風光互補、跨國互聯等等說法。比如，「水火互濟」即為，中國目前的能源分布不均勻，有的地方沒有電，但有的地方電力充足；有的地方水量充足，但它沒有發電的能力。以尼泊爾為例，該國位於喜馬拉雅山脈南麓，是世界上水資源第二大豐富的國家，但其電力能源十分短缺。尼泊爾的電力能源仍然依靠印度等國供油來獲得，這樣容易導致別國干涉尼泊爾的內政。但在「一帶一路」倡議下，中國能夠應用像當年葛洲壩一樣的技術工程說明尼泊爾解決其電力能源問題，甚至還有可能促進其能源出口。儘管尼泊爾是世界上最不發達的國家之一，但它能利用本國的優勢能源進行水力發電，從而解決電力能源問題。再如，在撒哈拉以南光照豐富的非洲可以開發光伏，進而緩解五億非洲人的用電難題；也可以在有風的地方利用相關技術進行風力發電。這些水力、風力等，就是「清潔能源」。

因此，上述「三位一體」的新方案或許能夠徹底解決人類的能源短缺問題。這一點也說明了，中國通過「一帶一路」倡議，在解決人類的能源短缺等問題上不僅提供了新的方案，也提供了有效的解決手段、技術資金、人才資源。這就是中國對全球治理所做出的一個重要貢獻。正如我們所知道的，全球治理首先涉及聯合國的「2030可持續發展目標」，在這十七個大的目標裡面，如果能源問題都沒有解決，就無法良好地解決教育等其他問題。

由此可見，中國正在通過中國創意、中國方案、中國智慧來塑造和引領全球化的發展進程以及全球治理。原來的全球化和全球治理主要是以美國為主導的，中國只是一個參與者的角色。例如，原先的中國，加入的是美國主導的貨幣體系和國際體系，如世界貿易組織（WTO）、世界銀行、國際貨幣基金組織等，引進的是西方發達國家的資金和技術。

但現在，西方發達國家已經提供不了那麼多的公共產品了，他們自己都逐漸地從體系中退出，因此我們在這樣的大環境下更應該不斷發展自身，用具有中國特色的方案來應對當下世界範圍內的挑戰。

三、新的概念：中國特色的「共同體」

「共同體」這一概念，最初源於西方的「community」一詞，在國際關係中表示若干國家在某一方面組成的集體。中國在這一概念的基礎上，結合了中國古代的「天下大同」思想，最終形成「一帶一路」倡議下的富有中國特色的「共同體」這一概念。這一概念的含義不同於原先西方世界所倡導的概念，甚至可以說是超越了西方的「共同體」概念。

從實質上來看，原先西方世界打造的「共同體」實際上是在基督教的普世價值體系下提出來的，他們明顯區分了「核心圈」「週邊圈」等概念，體現了一種「非我族類，其心必異」的思想。但現在中國提出的「共同體」是要做到最大層面上的包容，最大層面上的和而不同，最大層面上的平等與公正。這就代表了它絕不是回到以中國為中心或以美國為中心的體系當中去。因此，結合教育這一百年大計來說，「教育共同體」概念的提出，在國際社會弘揚了孔子「有教無類」思想，表明了我們必須要用一種前瞻式的思維方式來思考教育，教育在做好當下的同時也應當面向未來，教育事業是需要幾代人甚至幾十代人的共同努力才能建設好的。

從意義上來看，一方面，在某種程度上來說，「教育共同體」的打造是「一帶一路」倡議下的核心事業。正如前文所提及的，在「一帶一路」倡議下幫助「一帶一路」沿線國家完善基礎設施建設，其實也是中國打造「教育共同體」的途徑之一。只有首先將一個國家的基礎設施建設完善好了，才能更好地發展教育；只有教育事業發展好了，才能解決

人的觀念及人才培養問題；只有人才培養好了，才能不讓貧困延續，終止代際貧困，才能求得國家更加長遠、更加可持續的發展。另一方面，「教育共同體」的打造也是實現民心相通的一個重要手段。例如，孔子學院的建立和推廣大大拉近了中國和周邊國家之間的距離，對促進中國與「一帶一路」沿線國家之間的溝通做出了巨大貢獻。但與此同時，需要注意的是，我們與「一帶一路」沿線國家間的雙向溝通還遠遠不夠。我們往往只是輸出漢語，但對對方文化的學習卻不甚理想。我曾經在「一帶一路」沿線國家中碰到在當地孔子學院生活了好幾年的老師，但他仍未學會當地語言，這一點是非常遺憾的。

因此，教育一定要強調相互學習、相互借鑑，強調文明的交流與互鑑。只有相互學習，才能共同進步，以達到「美美與共，天下大同」的局面。例如，在人才的選用上，我們不應拘泥於本國，而應該在世界範圍內選用人才。正如新加坡原總理李光耀所言，美國是在世界七十億人民中用人才，中國是在當時的十三億人民中用人才，因此總是競爭不過美國。因此，現在的中國應該從四十四億「一帶一路」沿線國家人民甚至從世界七十億人民中去尋找並選用優質人才。在人才的培養上，我們應該在「雙元驅動」的發展模式及開放性金融的理念下與他國開展合作，建設更多的諸如非洲領導力學院（African Leadership Academy）、衣索比亞梅萊斯領導力學院（Federal Meles Zenawi Leadership Academy）等學院，以此與他國共同培養優秀人才。此外，我們要把華人華僑的資源用好，要重視華人華僑的作用，提高華人華僑的身分地位，促進他們發揮自身優勢的積極性。

總之，「一帶一路」倡議下所推行的「共同體」，一定要首先服務於一個共同的事業，建立一個共同的身分，強調一種共同的合作。「共同體」所強調的就是一種共同的理念，這種「共同」，不是你的或我的，而是我們的。這裡面包含了一種教育模式、教育專案、教育方法的

創新，例如，國家間語言的相互學習，文明的交流互鑑等。另外，在「共同體」的打造過程中，媒體也很重要。媒體對輿論的塑造發揮著重要的作用，因此，我們在通過「教育共同體」培養人才的同時，也應該正確認識並有效發揮新聞媒體的作用。

四、新的挑戰：國內外質疑的雙重困境

在「一帶一路」倡議具體實行的過程中，使命很光榮，挑戰也很大。總體來說，其所面臨的挑戰主要來自國內國外兩個方面。

第一個挑戰來自中國國內，國內諸多國人的思想沒有轉變。目前，部分國人仍認為，把自己的事情做好即可，沒有必要幫著別人做一些修路造橋工作。他們甚至認為「一帶一路」倡議的施行就是在對外「撒錢」，認為當下中國國內的法律制度、金融改革、治理能力、治理體系等尚未完善，在中國國內的夢想還未達成之前，對外的國際合作等只會後勁不足。上述這些國內的對「一帶一路」的質疑是中國在全球治理「議程重設」中所面臨第一大制約。當然，從另一方面來講，「一帶一路」倡議也在倒逼中國國內改革。

第二個挑戰來自外部世界，國外甚至是整個世界尚未習慣中國角色的轉變。以前的中國是求著西方發達國家帶領其發展，現在是中國帶領著「一帶一路」沿線國家發展，這種態勢是完全不一樣的。對此，國外不免有諸多的不習慣或不認可。例如，作為中國周邊國家之一的菲律賓，它習慣於仰望美國，習慣於以前以美國為主導的世界體系，現在不免有些不習慣。總之，由於原來的全球治理的架構、觀念、模式是西方幾百年來就一直塑造的，而如今的中國在全球治理中才站穩腳跟多少年？中國在這方面的「稚嫩」容易讓其他國家產生懷疑。

針對上述兩方面的質疑，我認為應從以下兩個角度應對。第一，努

力加強自身建設。我們不僅要在原來的體系內進行改革，而且要創立一些新的體系。以人民幣為例，我們提倡人民幣也要國際化，因此，在現今世界範圍普遍使用美元的情況下，需要進行一定的創新。我們既要在原來的體系中深化改革，還要具備跳出體系繼續改革的勇氣和智慧，以此促進國家更加包容、更加可持續的發展。第二，樹立適當的敵我意識。儘管我們一直呼籲要建立「人類命運共同體」，但在建立的過程中，既有中國自身的能力建設和不斷學習，也有來自世界本身的其他風險，後者並非中國所能左右。例如，我們現在面臨的金融風險、安全風險（朝鮮核武器立場等）等並非中國一國所能改變。因此，在關鍵時期的關鍵事項當中，我們需要分清敵友，在不斷開展合作的同時，也要樹立適當的敵我意識。

　　總之，在「一帶一路」倡議下，中國所面臨的挑戰是全方位、多領域、突發式、內外聯動、傳統和非傳統交織著的，我們需要以超前的意識來處理這些問題，而不是等到中國發展好了再去解決，因為等我們發展好了，世界或許早已變成另外一番模樣。我們需要抓住窗口、抓住機遇、合理均衡，既要奮發有為、又要統籌兼顧，在受到各方質疑時穩妥應對。

五、新的外交：博而能專，綜合發展

　　就當前中國外交人員的能力來講，還需要大力加強能力的培養和提升。

　　其一，相對於中國正大規模地走向世界來講，外交人員不僅是要把中國的利益維護好，還要給所在的國家或地區提供他們所需要的服務。例如，在與寮國的領導人進行對話的時候，寮國領導人表示希望中國協助他們制定相關法律，以便提升他們的法律素養，在加入世界貿易組織

（WTO）之後能夠看懂法律條文。這就說明，在當下的中國，外交人員需要具備其他專業方面的基本素養，如法律方面的外交人才，以便應對各種各樣的挑戰，適應「一帶一路」倡議下的國家發展進程。

其二，相對於「一帶一路」倡議來講，外交人員不僅要發揮自身的語言表達專長，還要對「一帶一路」領域有相關的瞭解與研究。所謂「外交」，意在對外交流，外交人員的專長之一就是語言表達，在和他人或他國談合作的過程中，外交人員不僅要說服對方參與到「一帶一路」倡議中來，更重要的是告知對方「一帶一路」的具體模式。這就要求外交人員對「一帶一路」倡議做到相應的瞭解和研究。因此，可以建議讓更多的地方幹部去海外掛職。對於地方幹部而言，良好的掛職經歷不僅能夠拓展他們的視野，而且能促進他們重新學習世界，在擁有了一定的學習和積累之後，他們才能更好地講好中國故事，更好地重新探索中國國情。

其三，相對於國家安全來講，外交人員中非常缺乏國家的安全守護者。「一帶一路」倡議下有很多的安全風險，我們原來的外交體系中對於安全方面的人力派遣十分不夠。應當與別國共同培養安全人才，將大大小小的安全隱患防患於未然。例如，在「一帶一路」倡議下出現了恐怖分子等安全風險，我們要具備相應的能力去應對。這一方面需要從各種細節做起，我們依然任重而道遠。

十年樹木，百年樹人。「一帶一路」倡議是世紀工程，百年大計，人才短板一定要儘早補齊，還要與時俱進培育各類各式人才。其一是通才，即通曉外國、熟悉中國模式的綜合性人才，能寫出類似伏爾泰《風俗論》的作者，能為外國搞建設的官員、企業家。其二是專才，尤其是國際組織的專業人才，行業協會、社會團體的組織者、實踐家。其三是共才，即中外共同認可，瞭解中外國情、世情的人才。培養綜合安全與發展、本土化又全球化的人才，是「一帶一路」教育共同體的努力目

標。「一帶一路」大學、「一帶一路」培訓學院、「一帶一路」智庫將來會雨後春筍般地誕生。

第十一節　助力中國提升國際話語權

　　「一帶一路」建設是中國提出的全方位開放戰略，以「共商、共建、共享」為原則，旨在在歐亞非沿線六十五個國家，四十四億人口中建立由鐵路、公路、航空、航海、油氣管道、輸電線路和通信網路組成的綜合性立體互聯互通的交通網絡，並通過產業集聚和輻射效應形成建築業、冶金、能源、金融、通信、物流、旅遊等綜合發展的經濟走廊，通過政策溝通、設施聯通、貿易暢通、資金融通、民心相通等「五通」來推進貿易投資便利化，深化經濟技術合作，建立自由貿易區，最終形成歐亞大市場。其中，能源走廊著眼於大宗商品定價權，物流與金融等走廊著眼於貿易投資標準制定權，資金融通則推動人民幣地區化國際化，互聯網、電網及智慧絲綢之路建設則推動形成電子商務世界貿易規則，大力提升中國的制度性國際話語權。

一、「一帶一路」重塑經濟全球化話語權

　　「一帶一路」助推走出「西方中心論」。走出西方中心論，是破；重塑經濟全球化話語權，是立。「一帶一路」倡議正在塑造包容性經濟全球化，超越經濟全球化的不公正、不合理、不可持續。

　　從縱向維度看，絲綢之路的興衰見證著世界歷史演進軌跡。「一帶一路」倡議所彰顯的絲綢之路在二十一世紀的復興，告別了西方杜撰的工業革命是人類歷史分水嶺的邏輯：偽造歷史＋偽造文字起源＝偽造西方文化優越論，這就破解了「西方中心論」神話，開創合作共贏的新型

國際關係，通過政策溝通、設施聯通、貿易暢通、資金融通和民心相通這「五通」，打造政治互信、經濟融合、文化包容的利益、命運和責任共同體，推動實現中國與「一帶一路」沿線國家走向共同繁榮。這就是人類大歷史背景下「一帶一路」的時代邏輯。

「一帶一路」正在推動全球再平衡，即通過鼓勵向西開放，帶動西部開發以及中亞一些內陸國家的開發，在國際社會倡導經濟全球化的包容性發展理念；改變歷史上中亞等絲綢之路沿途地帶只是作為東西方貿易、文化交流的過道而成為發展「窪地」的面貌。

「一帶一路」在經濟全球化新時代繼承和弘揚了「和平合作、開放包容、互學互鑑、互利共贏」的古絲綢之路精神，正在糾正近代以來西方殖民體系及現今美國霸權體系造成的全球經濟碎片化、分裂化局面，以沿線國家的共同現代化超越近代西方開創的競爭性現代化，推動實現持久和平、共同繁榮、普遍安全的和諧歐亞。

二、世界對「一帶一路」的期待

二○一五年十一月第六屆世界中國學論壇上，一位埃及學者感慨：「多少年來，西方國家在中東地區輸出軍火與動盪，是為了攫取石油；只有中國帶來經濟發展合作倡議，我們求之不得！」的確，「一帶一路」幫助廣大發展中國家實現彎道超車、變道超車、共同復興，超越了西方現代化邏輯和經濟全球化邏輯，開創二十一世紀人類新文明。

世界正從傳統媒體、產業和經濟全球化走向新媒體、新產業和新經濟全球化。近代以歐美百萬、千萬、億級人口實現工業化為經驗的西方話語體系遭遇當今幾十億級新興國家人口實現工業化的巨大挑戰，普世價值的邊界不斷被釐清，這也為發展中國家從觀念、理念上走出近代、告別西方，提出二十一世紀更具通約性、時代性和包容性的話語體系，

實現軟實力的彎道超車，提供了歷史性機遇。

世界期待分享中國機遇、中國模式與中國方案，「一帶一路」建設民意基礎堅實。習近平主席二〇一三年秋提出「一帶一路」倡議，引發國際社會廣泛關注與強烈反響。這是世界「中國熱」盛行的寫照，折射出世界渴望分享中國機遇、中國模式與中國方案，以推動歷史和文化的傳承與復興，解決各國面臨的發展難題。「一帶一路」幫助實現聯合國後發展議程，倡導中國夢與世界夢相通，引導世界「中國熱」走向，提升中國的話語權。

正如非洲諺語「獨行快，眾行遠」所揭示的，中國的發展只有以廣大發展中國家為伴，實現共同發展和文明的共同復興，才能行穩致遠。與此同時，中國模式鼓勵廣大發展中國家自主探索符合本國國情的發展道路，打破了西方所謂的「普世價值」神話，還原了世界多元性。

軟實力是中華民族偉大復興的一個關鍵制約。中國要想實現偉大復興必須邁過軟實力這道坎，超越近代趕超西方的邏輯，提出解決人類共同關切的時代方案。「一帶一路」倡議的提出，為中國的制度性國際話語權建設帶來了希望，其基本思路就是，中國要把數量的優勢變成品質的優勢，變成結構性權力。一方面要跟歐洲、美國、日本等西方國家競爭，搞「中國製造2020」，實現彎道超車；另一方面要搞互補合作，著眼於更需要中國資金、技術的「一帶一路」沿線國家，實現變道超車。中國不是被動地加入經濟全球化，而是要創造一個新的經濟全球化體系。這就是「一帶一路」的軟實力使命。

中華民族的偉大復興，更多的是要為解決人類公共性問題與挑戰發出中國倡議、提供中國方案、展示中國智慧，這就需要復興—包容—創新的三位一體：復興古代文明，包容西方文明，創新人類文明。「一帶一路」倡議就服務於此，正在並將提升中國國際話語權。「一帶一路」倡議將「部分經濟全球化」變成「包容性經濟全球化」，將經濟全球化

與本土化相結合，幫助更多國家脫貧致富，開創二十一世紀地區與國際合作新模式，開創綠色、可持續發展新氣象。

建設「一帶一路」，必須正視已有或將來可能出現的各種認知風險。必須確立這樣的共識，即絲綢之路是歐亞國家的共同記憶，「一帶一路」是沿線國家的共同事業，始終堅持「共商、共建、共享」原則，通過共商共建絲綢之路，達到共擔風險、共襄盛舉的目標。

這就需要連接中外、溝通世界，學會運用世界話語傳播絲綢之路文化、講好絲綢之路故事、闡明絲綢之路精神，讓沿線國家、沿線人們聽得懂、能接受、能理解。這樣，古老的絲綢之路才能更好更快地在新時代煥發出強勁的生命力。

第十二節　將中國機遇變成世界機遇

說起「一帶一路」，你會想到什麼？可能不同的人會有不同的看法。在我而言，每次我寫「一帶一路」或者講「一帶一路」的時候，我腦子裡想到的都是世界上不同地區和國家的一些場景。借助「一帶一路」，讓我們可以更好地睜眼看世界。

「一帶一路」不是簡單地搞慈善或者做民生工程，我們說明沿線地區中的一些落後國家實現工業化，是要「養雞生蛋」而不是「殺雞取卵」。講到「一帶一路」的時候，我認為各個學科都應該打通。「一帶一路」不能用簡單的貿易、文化、政治或者外交的學科思路去分析。有些人研究「一帶一路」之所以會走偏，就是因為他從單一視角看、從單一學科看，那麼得出的結論通常是有失偏頗甚至是錯誤的。

一、為什麼用「一帶一路」而沒有沿用絲綢之路

如果要把「一帶一路」從本體上講清楚，就需要回答幾個基本問題。

首先，為什麼中國沒有沿用絲綢之路，而用了「一帶一路」這個說法？或許大家都知道，「絲綢之路」作為商路早已有之，但直到一八七七年才由一個名叫李希霍芬的德國人命名。他當時為什麼要提出這個概念？因為德國是統一比較晚的西方大國，一八七一年才統一，統一了以後它發現，當時的世界已被其他一些西方殖民者瓜分光了。德國要爭取陽光下的地盤，海上沒有空間，只能在陸上找，陸上就是絲綢之路。也

就是說，李希霍芬要復興絲綢之路，是為德國從地緣政治上的歐亞地區的博弈擴張尋找理論藉口。所以我們不能用這個概念，因為這個概念帶有地緣政治的擴張和殖民主義的印子。

其次，到底什麼是「一帶一路」，為什麼要建，如何建？「一帶一路」最早是習近平主席在哈薩克提出來的，旨在以點帶面，從線到片，逐步形成區域大合作這樣一個格局。為什麼在哈薩克提？因為哈薩克是世界上最大的內陸國家，而整個世界百分之九十的貿易是通過海上來進行的。離海洋越遠越落後，所以哈薩克非常需要互聯互通。「一帶一路」是一個非常具有中國特色的說法。一開始，很多外國人不懂。「帶」是什麼？我們講的「帶」是經濟發展帶，它是四十年中國改革開放經驗的濃縮。「路」是什麼？中國成功走出了一條符合自身國情的發展道路，我們也鼓勵各國走符合自身國情的發展道路。可以說，「一帶一路」四個字濃縮了五千年的中華文明，濃縮了中國改革開放的成就，以及中國近代以來探索走出的一條符合自身國情的發展道路。

「一帶一路」是對原有開放理念的極大超越。原來我們的開放主要是向西方發達國家開放，尤其是向美國開放，小平同志說，凡是向美國開放的，如亞洲「四小龍」「四小虎」都實現了經濟的現代化，中國一定不會例外。事實證明的確如此。但是繼續向美國開放，向西方開放，能不能實現中華民族偉大復興的中國夢呢？越來越難了。中國現在的經濟總量是美國的百分之七十，但是我們人均GDP是美國的七分之一，如果提升人均，那麼我們的經濟總量就有可能超過美國。美國人是不可能坐視不理的，特朗普說要美國再次強大，就是美國的一種反應。原有的開放主要是盯著西方國家的，今天我們則是面向廣大的「一帶一路」國家。原來我們是引進來為主，引進西方的資金技術，今天我們是走出去，我們的資本、技術、產品、服務、理念，甚至我們的標準都要走出去，我們還要「走上去」，從產業鏈中低端向高端發展。原來主要是沿

海地區的開放，現在是沿海、內陸、沿邊同時開放。這些就是超越。

「一帶一路」也是大勢所趨。新加坡的學者跟柬埔寨人說，你們再不參加「一帶一路」，十五年後，甚至要不了十五年，人工智慧就要來了，那個時候勞動力便宜根本沒有任何優勢了。對於這些國家而言，要抓住中國這波產業鏈轉移、工業化的機遇，才能搭上中國的快車。而對於中國自身來說，我們也需要通過轉移、優化等結構性調整實現產業升級，這就是大勢所趨。

二、為什麼要建設「一帶一路」

為什麼要建設「一帶一路」？如果看一看「一帶一路」所覆蓋的區域，你就會明白。「一帶一路」涉及世界上三分之二的人口，而這部分人口的經濟產出才占世界總產出的三分之一不到，所以有巨大的潛力。

全球金融危機爆發以來，中國成為世界經濟增長的主要引擎，平均三成的世界經濟增長來自中國經濟的拉動，超過第二位美國貢獻的一倍。

金融危機爆發前，國際貿易增長速度是世界經濟增速的兩倍，而之後卻低於世界經濟增速。彭博社引用麥肯錫諮詢公司的報告預測，未來十年，「一帶一路」將新增二點五萬億美元的貿易量，這給經濟全球化打了一劑強心針，帶來了希望。不僅如此，「一帶一路」建設推動中國與沿線地區國家的自貿區、投資協定談判（已完成十一個），並強調與各國發展戰略和已有的合作機制對接，推動全球層面的投資協定談判進程，為全球化提供動力。

中國主張以「一帶一路」建設為契機，開展跨國互聯互通，提高貿易和投資合作水準，推動國際產能和裝備製造合作，本質上是通過提高有效供給來催生新的需求，實現世界經濟再平衡。特別是在當前世界經

濟持續低迷的情況下，支援相關國家推進工業化、現代化和提高基礎設施水準的迫切需要，有利於穩定當前世界經濟形勢。

「一帶一路」有三個原則，共商、共建、共享，擴展開來就是利益共同體、責任共同體和命運共同體。別小看共商、共建、共享三個詞，它們並非空洞的政策口號，其具體體現為促進相關國家經濟發展戰略的相互對接，鼓勵雙方充分發揮各自的比較優勢。

「共商」，意味著「一帶一路」規劃的任何專案不能由某一個國家說了算，而是多徵求相關國家的意見，確保「一帶一路」建設能夠兼顧各方的利益訴求，體現各方的共同意志。

「共建」，意味著「一帶一路」規劃的任何專案並非大國對小國、強國對弱國的施捨與援助，而是在充分發揮「一帶一路」相關國家比較優勢的基礎上，合理分工、共同建設，使各國原有的經濟發展戰略融合為一體，達到「一加一大於二」的整體合力。

「共享」，意味著「一帶一路」所規劃的專案中建設的成果不是為某一國所佔有，而是相對均等地分配給相關各國，從而實現利益共通和命運共通，這也是實現共同發展的訴求。

三、以前老是盯著「中西」，忘了還有「南北」

「一帶一路」很大程度上是一種文明話語權的回歸，它改變了西方決定人類命運的歷史。我們以前老是說「學貫中西」，老是盯著「中西」，忘了還有「南北」，還有整個世界，從這個意義上說，「一帶一路」開闊了我們的視野，讓我們睜眼看到真正的世界。

以前總有人說「外國月亮比中國圓」，後來我們去了非洲發現，非洲月亮才真正叫圓，因為沒有工業化。但是當我們說外國的月亮比中國圓的時候，有誰腦子裡還想到了尚比亞、加蓬？我們一講到外國都是發

達國家，都是歐美。回過來想，什麼外國的月亮，中國的月亮，其實都是一個月亮，這就是人類命運共同體。「一帶一路」啟動「和平合作、開放包容、互學互鑑、互利共贏」的絲路精神，探尋二十一世紀人類共同價值體系，建設人類命運共同體，展示了全球治理的東方智慧。命運共同體思想繼承和弘揚了《聯合國憲章》的宗旨和原則，是全球治理的共商、共建、共享原則的核心理念，超越「外國的月亮比中國圓」的崇洋媚外，形成積極意義上的「命運相連，休戚與共」。

「一帶一路」還有一個很重要的意義，那就是它已成為推動國際社會實現聯合國二〇三〇年可持續發展目標的重要合作倡議。

四、「一帶一路」創造一種新型全球化

「一帶一路」不是古代的絲綢之路，而是全球最大的一個合作平臺，化衝突為合作，化競爭為互補，這是「一帶一路」將來要做的重要事情。在不確定的世界中找到確定性，創造一種新型的全球化，這是「一帶一路」的重要使命。

「一帶一路」不同於近代以來西方的殖民主義、帝國主義和霸權主義，西方以國際掠奪、競爭為常態，以合作、妥協為非常態。「一帶一路」也不同於戰後西方對外援助等各種名目的國際合作模式，而是在中國與相關國家已有的雙邊和多邊機制基礎上，借助既有的、行之有效的區域合作平臺，並創新合作模式，打造新合作機制，高舉和平、發展、合作的旗幟，主動地發展與相關國家的經濟合作夥伴關係，向廣大發展中國家分享中國改革開放經驗、工業化經驗和脫貧致富經驗，同時為全球化、全球治理提供中國方案、踐大道之行。總而言之就是一句話，把中國現在的產能優勢、技術優勢、資金優勢、經驗和模式優勢轉化為市場與合作優勢，將中國機遇變成世界機遇，融通中國夢與世界夢。從這

個意義上說，「一帶一路」不僅是在器物層面、制度層面、精神層面上塑造一個新的中國，也在塑造一個新的世界。

　　「一帶一路」立足於同心協力、互助合作的發展環境，為發展中國家提供發展「便車」是中國的擔當。獨行快，眾行遠。中國所強調的發展是共同發展，因此「搭便車」不是壞事。大國與小國之間、強國與弱國之間並不是「大吃小」的關係。在當代深度全球化、互利共生的國際體系環境中，中國主張應在國際關係中堅持正確的義利觀，只有以「義」為前提進行求利，方才是符合正確義利觀的訴求，因此大國應該提供「搭便車」的機遇，甚至主動鼓勵發展中國家搭共同發展的便車，這也是一個大國應有的風度。

第十三節　為世界提供中國方案

一、「一帶一路」寫入黨章對話會聚焦政黨參與和貢獻

　　在中國共產黨的強有力領導下，中國正從站起來、富起來到強起來，中國共產黨人日益呈現自信與自覺。中國共產黨人的自信，莫過於將「一帶一路」、人類命運共同體、共商共建共享原則寫進聯合國決議；中國共產黨人的自覺莫過於將堅持正確義利觀，推動構建人類命運共同體，遵循共商共建共享原則，推進「一帶一路」建設等內容寫入黨章。

　　寫進黨章後的自覺表現，就是在中國共產黨與世界政黨高層對話會中，將共建「一帶一路」列入分組專題會議議題之中，組織世界各國政黨探討如何建設「一帶一路」及其背後的人類命運共同體。

　　鑄牢中華民族共同體意識，建設人類命運共同體，成為中國共產黨領導中國對世界的莊嚴承諾。從為中國人民謀幸福、為中華民族謀復興的中國夢，到為人類進步事業，實現國際公平正義的世界夢而奮鬥，中國共產黨人的初心與使命，也體現在共建「一帶一路」。「一帶一路」是習近平新時代中國特色社會主義思想的重要內容。

　　十九大報告開宗明義就強調，「中國共產黨是為中國人民謀幸福的政黨，也是為人類進步事業而奮鬥的政黨。中國共產黨始終把為人類做出新的更大貢獻作為自己的使命」。這段話突顯了中國共產黨人的歷史自覺，國際視野和世界關懷，說明我們黨從建黨的初心開始，就把中國

人民的幸福與世界人民的幸福緊緊連接在一起，就充分意識到中國共產黨應當具備國際主義精神。

「一帶一路」寫進黨章表明，「一帶一路」是全黨意志，需長期堅持，自覺踐行，不能搞短期行為，急功近利，以為是解決過剩產能的走出去，或新開放戰略，忽視其承擔建設人類命運共同體的使命擔當。納入黨章後，獲得了制度和組織保障，與中共「兩個一百年」的目標密不可分，其定位從國家倡議到黨的倡議，在黨的領導下，「一帶一路」建設的長遠性、重要性和全域性都將顯著提高。

「一帶一路」是實現「兩個一百年」中華民族偉大復興的中國夢的重要抓手，同時也是助推各國實現其夢想的重要國際合作倡議和公共產品，通過夢夢與共、天下大同，以中國夢成就世界夢。

「一帶一路」是偉大的事業，需要偉大的實踐。既然是偉大事業，「一帶一路」建設的機遇與風險一定要以「不謀全域者不足以謀一域，不謀萬世者不足以謀一時」的大時空觀認識，增強使命感、責任感。

「一帶一路」是建設「相互尊重，公平正義，合作共贏」新型國際關係、人類命運共同體的偉大工程，需要世界各國的共同努力，形成「大合唱」。

建設「一帶一路」需要進行偉大鬥爭。實現人類公平正義，建設「持久和平、普遍安全、共同繁榮、開放包容、清潔美麗」的世界，充滿了艱難險阻，絕非敲鑼打鼓就能實現的，需要與各種威脅論、唱衰論鬥爭。

十九大報告指出，中國特色社會主義進入新時代，中國社會主要矛盾已經轉化為人民日益增長的美好生活需要和不平衡不充分的發展之間的矛盾。國際社會的主要矛盾，也表現在世界人民日益增長的美好生活需要和世界不平衡、不公正和發展不充分之間的矛盾。因此，中國提出「一帶一路」合作倡議，就是要解放全球生產力，實現世界經濟再平

衡，推動開放、包容、普惠、平衡、共贏的新型全球化，以及共商共建共享的全球治理，維護人類的公平正義。

二、「一帶一路」是世界的希望工程

「一帶一路」的魅力就是中華文明的魅力，中國現代化的魅力及中國改革開放的魅力全面展示。這是筆者參加在非盟總部召開的主題為「擺脫貧困、共同發展」中非減貧發展高端對話會暨智庫論壇所獲得的鮮明感受。

四十年改革開放，中國將七億人脫貧致富，占聯合國千年發展目標脫貧貢獻的七成，這是激勵許多發展中國家願意跟著中國走，積極融入「一帶一路」的最直接動因。沒有基礎設施，就很難實現工業化；沒有實現工業化，民主化就註定失敗。

非洲十一億人中有四億貧困人口，五億人還沒有用上電，工業化沒有開始或處於初級階段，積極回應中國「三網一化」——在非洲建設高速公路網、高速鐵路網、區域航空網、基礎設施工業化，從對接「一帶一路」中看到工業化、農業現代化的希望，推動完成聯合國二○三○年可持續發展議程。

「一帶一路」在新時期推行開放、包容、均衡、普惠、可持續的全球化，倡導將分裂的世界、分割的市場互聯互通起來，形成平等、橫向的合作架構，解決跨國公司全球分工所推行的發展中國家向發達國家單向度開放，或主要是發達國家間聯繫的全球化所產生的不公正、不均衡發展問題；倡導戰略對接，將發達國家、發展中國家、新興國家最廣泛連接在一起，真正實現東西、南北、中外、古今的大融通。

習近平主席說過，「一帶一路」建設是在二○一三年提出的倡議。它的核心內容是促進基礎設施建設和互聯互通，對接各國政策和發展戰

略，深化務實合作，促進協調聯動發展，實現共同繁榮。

基礎設施、互聯互通、戰略對接、國際產能與裝備製造業合作、協調聯動發展，這就是「一帶一路」為什麼能的關鍵字。

就拿基礎設施為例，可以說「一帶一路」建設牽住了世界經濟發展的牛鼻子。根據世界銀行的統計資料，發展中國家目前每年基建投入約一萬億美元，但要想保持目前的經濟增速和滿足未來的需求，估計到二〇二〇年每年至少還需增加一萬億美元。到二〇三〇年，全球預計將需要五十七萬億美元的基礎設施投資。全球基礎設施投資將增加發達國家的出口，為其創造結構性改革空間。

通過倡導基礎設施的互聯互通，「一帶一路」正在治療新自由主義全球化頑疾，引導熱錢流向實體經濟，正在消除全球金融危機之源。

「一帶一路」倡導立體的互聯互通交通網絡，打造陸海空網四位一體格局，鐵路港區貿五位一體的發展態勢，彌補了西方私人資本不能也不會投資市場不成熟國家基礎設施，更不能形成基礎設施網路的不足。

孔子曰：「己欲立而立人，己欲達而達人」。中國承接了上一輪全球化和亞洲工業化的巨大好處，「達人」首先要達「巴鐵」。中巴經濟走廊是「一帶一路」的旗艦走廊，承接中國產業鏈延伸，幫助巴實現工業化，並以發展促安全，將美西方宣傳的「失敗國家」打造為新興國家，增強巴的「四個自信」，抵消西方抬舉的印度民主模式，突出習近平主席提出的「『一帶一路』是亞洲騰飛的兩隻翅膀，互聯互通是其血脈經絡」思想。

一句話，「一帶一路」融通古今中外，連接東西南北，抓住了發展作為解決所有難題的總鑰匙，牽住基礎設施互聯互通的牛鼻子，正在解決人類的貧困、貧富差距和治理難題，這是其吸引越來越多國家廣泛參與的一個根本原因。「一帶一路」是世界的希望工程。

三、「一帶一路」將產生更大帶動作用

近日，習近平主席出席亞太經合組織（APEC）第二十五次領導人非正式會議並訪問越南、寮國。此訪深耕周邊、紮根亞太、輻射全球，是一次具有全域意義的歷史性訪問。繼此前接待美國、俄羅斯等國家領導人訪華之後，中國主客場外交齊頭並進，大國、周邊、多邊外交全面拓展，實現了十九大後新時代中國特色大國外交的亮麗開局。

出訪期間，習近平主席多次談及「一帶一路」話題，得到各方積極回應。在APEC會議期間，習近平主席強調「一帶一路」將為各方提供更加廣闊、更有活力的合作平臺，預示這一倡議將對亞太和世界經濟發展產生更大輻射帶動作用。他鼓勵「一帶一路」倡議同東盟發展戰略對接，打造更高水準的中國—東盟戰略夥伴關係，邁向更加緊密的中國—東盟命運共同體，得到東盟國家領導人積極回應。

越南公開支持共建「一帶一路」倡議，中越雙方簽署「一帶一路」和「兩廊一圈」建設政府間合作檔，為雙方下階段合作明確努力方向。中老商定以中老鐵路為依託共同建設中老經濟走廊，成為「一帶一路」倡議同寮國「變陸鎖國為陸聯國」戰略對接的最重要成果。中國同兩國分別簽署近二十份合作協定，涵蓋基礎設施建設、經貿、產能、經濟合作區、金融、科技、農業、人力資源等領域，顯示傳統友好優勢正越來越多轉化為務實合作成果。

「一帶一路」是中國提出的倡議。十九大報告指出，要以「一帶一路」建設為重點，堅持引進來和走出去並重，遵循共商共建共享原則，加強創新能力開放合作，形成陸海內外聯動、東西雙向互濟的開放格局。「一帶一路」也被寫入了黨章，黨章明確指出，遵循共商共建共享原則，推進「一帶一路」建設。

十九大報告強調，中國共產黨是為中國人民謀幸福的政黨，也是為

人類進步事業而奮鬥的政黨。中國共產黨始終把為人類做出新的更大的貢獻作為自己的使命。這段話彰顯了中國共產黨人的歷史自覺、國際視野和世界情懷。而「一帶一路」倡議就是中共這種自覺和擔當的體現。共建「一帶一路」倡議的核心內涵，就是促進基礎設施建設和互聯互通，加強經濟政策協調和發展戰略對接，促進協同聯動發展，實現共同繁榮。

「一帶一路」寫入黨章表明，推進「一帶一路」建設是全黨意志，需長期堅持，自覺踐行，不能急功近利，不能忽視其承擔的構建人類命運共同體的使命擔當。「一帶一路」的長遠性、重要性和全域性充分彰顯。「一帶一路」與中國夢密切相關。「一帶一路」是實現中華民族偉大復興中國夢的重要抓手，同時也是助推世界各國實現和平穩定繁榮夢想的重要國際合作倡議和公共產品。

「一帶一路」倡議源自中國，更屬於世界；根植於歷史，更面向未來；重點面向亞歐非大陸，更向所有夥伴開放。「一帶一路」建設是偉大的事業，需要一步一個腳印推進實施，一點一滴抓出成果，造福世界，造福人民。

四、如何在發達國家講「一帶一路」

「一八七一年德國統一後，為何法國就不是其對手？一個重要原因就是俾斯麥建立起四通八達的鐵路網，而法國則是條條大路通巴黎，有利於國內垂直控制而不利於應對外來威脅！」在中國駐奧地利使館論壇講述「一帶一路」時，筆者的開場白一下子讓同樣說德語的奧地利人明白「一帶一路」的要旨了：開創橫向互聯互通的全球化，糾偏垂直型縱向全球化。

天下大勢，合久必分，分久必合。歐洲人開創的全球化，分有餘而

合不足，分的哲學製造了競爭和對抗；合的哲學才能創造規模和系統效應。「一帶一路」的理念正是合、通、和、同，以互聯互通而不是歷史上帝國擴張的方式實現「合」──天下一家，「通」──政策、設施、貿易、資金、民心五通，「和」──世界和平發展，「同」──利益、責任和命運共同體。「一帶一路」把發展中國家、新興經濟體和發達國家串在一起，是當今世界發展導向的全球化。演講以愛因斯坦公式 $E=MC^2$ 結語：歐洲（E）文明的第二次復興機遇正在於建立與中國（C）通過歐亞大陸（C）的互聯互通（M），這也是歐洲的天命。

演講引發了與會者的極大興趣，紛紛發問：「『一帶一路』有沒有祕書處啊，奧地利要加入『一帶一路』的話跟誰聯繫呢？」「我們奧地利想建立『一帶一路』學術中心，配合即將建立的中國文化中心，該跟中國哪家機構合作呢？」當筆者分析全球金融危機的一個重要教訓是金融過度創新而陷入奧地利籍美國經濟學家熊彼特「創造性毀滅」，美國推行新自由主義全球化導致熱錢氾濫成災，美國借此干涉他國內政甚至顛覆一個國家政權時，更是引發與會奧地利政界、學界、商界、媒界的普遍共鳴，紛紛感慨：「我們歐洲人深切理解中國通過『一帶一路』逐步建立自己支付體系的決心，希望人民幣國際化更多借助歐元來實現啊！」

五、「一帶一路」如何啟動發達國家優勢

「一帶一路」之難並非風險所能概括，首先難在融資，因為項目眾多，基礎設施投入大，週期長，見效慢，中國的投資是種子基金，要撬動世界投入，才能成功。「一帶一路」要從概念股到績優股、眾籌股，發達國家的參與至關重要。歐洲對中國崛起和絲綢之路是發達國家中最有感覺的，是建設「一帶一路」的天然合作夥伴。於是筆者在演講中著

重分析了「一帶一路」給歐洲和奧地利帶來的好處。中國文化有成人之美的品德，「一帶一路」正成就發達國家的新優勢。

一是啟動歷史聯繫，成就區位優勢。奧地利地處歐洲中部，是歐洲重要的交通樞紐。哈布斯堡王朝、奧匈帝國在歷史上塑造了奧地利獨特的區位優勢——聯繫中東歐的核心，尤其是對中東歐融資的軸心，與巴爾幹國家關係密切。因此，奧地利是首批中國—中東歐合作（16＋1）的觀察員，希望加強與中國開拓中東歐、巴爾幹協力廠商市場的合作，同時也感受到壓力：維也納中東歐航空中轉站的地位遭受諸如布拉格直航中國三城的挑戰。

二是發揮現有資源，強化比較競爭優勢。奧地利是永久中立國，一九九五年才加入歐盟。維也納是傳統歐洲外交中心，聯合國原子能機構、聯合國工業與發展組織和歐安組織等國際組織所在地，有望打造為「一帶一路」國際法服務和仲裁中心，強化奧地利參與「一帶一路」的比較競爭優勢。

三是挖掘未來潛力，打造創新優勢。奧地利的技術和中國技術市場化能力結合，已在「中奧蘇通生態園」開花結果，在「一帶一路」和16＋1框架下將大有可為。奧地利工業4.0與中國製造2025的對接，是全球雙環流價值鏈體系的重要一環，必將打造奧地利創新優勢。中國文化中心即將落戶維也納，必將激發文化創意產業的中奧融合。奧地利冰雪行業也在瞄準北京冬奧會機遇，希望打造音樂之外的健康絲綢之路。

己欲立而立人，己欲達而達人。「一帶一路」成功之道，就在達人。達人最終才能達己，己與人融合為命運共同體。發達國家的合作關乎「一帶一路」成功。在中歐合作五大平臺對接下，中國與奧地利及其他中東歐國家合作，必將達人，創造夢夢與共、天下大同的奇蹟。

六、如何讓發達國家融入「一帶一路」

讓發達國家融入「一帶一路」，關鍵是將「我的」變成「我們的」，啟動歷史優勢，發掘現實優勢，開拓未來優勢。

一是主動引領。首先要分析並化解歐洲人對「一帶一路」的擔心——歐洲倡導的規則導向的全球化與中國倡導的發展導向的全球化衝突；擔心中國輸出過剩產能，擔心來自中國國有企業不公平競爭；中國發展模式的示範挑戰西方普世價值；中國市場不夠開放、改革不到位，如何在國外推市場開放？「一帶一路」如何處理南海爭端、中印邊境爭端；中國有無不可告人的戰略企圖（Hidden agenda）；中國強調的「雙贏」（Win-win）是中國贏雙份啊（China wins twice），這就讓奧方聚焦在如何合作的主題上，而不是像往常那樣有限的溝通時間耗在釋疑解惑上。中國駐奧地利使館李曉駟大使到任後創造性設立使館論壇，創新公共外交形式，全程用英文主持，確保高水準、最廣泛參與，本身就樹立了主動引領的榜樣。

二是開誠布公。「一帶一路」沒有中國利益是不可能的，以前我們對外宣介比較避諱這一話題。現在，講清楚「一帶一路」就是要賺錢，但追求互利雙贏，尤其是幫助發展中國家實現自主發展，讓西方明白時代之變，中國之道。此次對人民幣國際化對沖美元風險的分析，非常能博得奧方認同。

三是設身處地。到什麼山上唱什麼歌，奧地利是德語區，但不是德國。舉德國例子，對方不高興。引熊彼特、茨威格這些奧地利學者話，效果就好多了。在歐盟國家講「一帶一路」，還得先講歐盟再講成員國，引用阿登納所說「（歐洲一體化）不應該是束縛歐洲各國人民的緊身衣，而必須是他們賴以發展的共同依靠，是一種健康的、適應各自正常特性發展的共同支柱」，表明「一帶一路」的三同、三體思想，比較

能獲得認同。

四是辯證講解。「一帶一路」不回避風險，不回避問題，尤其要照顧對方關切。維也納自然博物館，世界著名。當主動談及氣候變化，舉巴釐島的中國發電廠實現零排放為例，闡明綠色絲綢之路的理念，能有效打消轉移過剩產能的擔憂。奧地利公共外交成功把希特勒說成是德國人，把貝多芬說成是奧地利人，充分反映奧地利趨利避害的心理。演講中，當提及中歐班列回程空車率高，很大程度是由於歐洲對俄羅斯的制裁，順著建議奧地利促進歐洲與俄羅斯和解，取得較好效果。進而指出，鄰居是無法選擇的。中國有十四個陸上鄰居，八個海上鄰居，是世界上鄰國最多的國家，因此崛起難，但也證明德之不孤，說明「一帶一路」首要是與周邊國家建立起命運共同體，借此也有效回應了奧方對中印、南海爭端的擔心。

五是給對方自信和期待。宣講「一帶一路」要打動人，挖掘對方傳統優勢，發揮現實比較優勢，塑造未來競爭優勢，是成功關鍵。對方便會跟著中國一起幹，鼓勵「一帶一路」加油幹！「一帶一路」開啟了中歐文明共同復興的新時代，回顧歷史，歐洲通過文藝復興、工業革命，引領海洋文明、現代文明；如今，「一帶一路」連接中歐，啟動歐亞，開創陸海聯通新文明、互聯互通新時代，歐洲再次復興，指日可待。的確，特朗普上臺後，中歐軟實力共同提升，也是佐證。

六是用對方話語講。以豐富的「一帶一路」沿線調研見聞，指出評價「一帶一路」要聽他們聲音，間接提醒媒體報導的偏見。比如，巴基斯坦第一大城市卡拉奇，由於缺電每年平均熱死一千人；現在通過中巴經濟走廊建設，巴基斯坦二〇二〇年將實現能源自給，就避免了此類悲劇。習近平主席曾在聯合國總部提出全球能源互聯網計劃，解決十二億多人沒有用上電，還減少碳排放，因此「一帶一路」的「一」就是中國哲學的體現：統籌兼顧，標本兼治。佛說，點一盞燈，讓世界亮起來。

「一帶一路」就是給世界點燈。中國通過「一帶一路」切實提升世界人權。這就通過歐洲話語體系、價值關懷，闡明了「一帶一路」精神，很能獲得認同。

第十四節　二十一世紀海上絲綢之路的新需求新領域新思路

　　二十一世紀海上絲綢之路的合作藍圖從提出到建設包含苦心孤詣與紮實推進，「一路」為世界提供了一項充滿中國智慧的共同繁榮發展的方案，對於中國與世界更深層次的互動，無疑具有深刻的啟迪和極其重要的現實意義。

　　「一帶一路」倡議提出不久，美國使館外交官問，陸地上不通，鋪路架橋可以理解；海上本來就是通的，二十一世紀海上絲綢之路想幹什麼？

　　面對種種疑問，這就要求我們對二十一世紀海上絲綢之路提出的時代背景、內涵與使命有準確的理解。

一、二十一世紀海上絲綢之路提出的背景

　　二十一世紀海上絲綢之路的提出不是復興古代海上絲綢之路，而是超越近代海洋型全球化，其提出的背景有三。

（一）服務於海洋強國戰略，推動中華藍色文明興盛

　　古代絲綢之路都有陸上、海上分別興盛之時，但很少同時興盛。本質上，中華文明是內陸文明，海洋文明基因發育不充分，鄭和下西洋只是黃土文明的海上漂移而未改其本色。中華民族繁衍棲息的東亞大陸，一面臨海，三面陸地，形成相對封閉的地理環境，造成了與外部世界相對隔絕的狀態。而本土遼闊的地域、複雜的地形和多樣的氣候，形成了

中國各具特色的地緣文化和區域觀念。在自給自足、缺乏向外需求，相對保守、崇尚和平的農耕文化環境中，人們習慣於和諧、寧靜與相對穩定的生活。海洋在「重陸輕海」的農耕社會只是一道天然的安全屏障而已。這些因素也決定了中國古代文化比較內斂、追求身心自我完善、倫理至上、注重養生的農耕文化形態。

反觀世界，人類對海洋的認識僅停留在海平面，海底世界基本上未知，而佔據地球百分之四十九的面積是國際海域。在此背景下，中國在開發利用海底世界方面並不落後，誰贏得了海洋誰就真正贏得了世界。這為二十一世紀海上絲綢之路建設發揮變道超車效應指明了方向，也為中國經略海洋，建設海洋強國，實現中華民族的海洋夢提供了歷史性機遇。

（二）引領海洋時代2.0，推動中華文明轉型

當今世界，正經歷著內陸文明走向海洋，海洋商業文明走向海洋工業文明的大交替。

人類的海洋商業文明起源於海島及沿海國家或地區，典型如古巴比倫文明中的腓尼基；古希臘文明中的愛琴海、地中海沿岸及島嶼上的諸多城邦及小國；古羅馬文明中的迦太基、羅馬、高盧、英倫三島；北歐歷史中的丹麥、瑞典、挪威三個國家。這些國家通過海上商道從事海外貿易，進行征服和掠奪。

人類的海洋工業文明起源於全球化，而突顯於可持續發展時代。向海而興，背海而衰。特別是在當今世界，隨著全球人口日益增加，生活環境惡化與水土大量流失，陸地資源不堪重負，而海洋正在成為人類第二生存空間。海洋擁有豐富的資源和廣闊領域：海洋占地球面積的百分之七十一，礦物資源和食物資源非常豐富。海洋已經成為世界各國高科技競爭的新熱點，越來越受到人們的高度重視與關注，內陸文明紛紛走

向海洋，誰擁有海洋誰就擁有未來。可以說，二十一世紀是人類開發海洋的世紀，人類將進入海洋工業文明新紀元。

人類重估海洋價值，處於「第二次地理大發現」的前夕。不同於第一次地理大發現時海洋只是作為商路、殖民擴張的通道，如今海底的價值日漸突顯出來。從此，人類進入了新海洋時代──「深海時代」或曰「海洋時代2.0」。海權論之父馬漢曾把全球海洋命名為「一條廣闊的高速公路，一個寬廣的公域」。如今，海洋不再只是全球公域的組成部分，而是孕育著下一輪全球化的動力。正是看到這一點，一些國家掀起了與工業革命前期「圈地運動」類似的「圈海運動」。「圈海運動」吹響了海洋商業文明向海洋工業文明邁進的號角。二十一世紀海上絲綢之路的提出，相應地，也為引領海洋時代2.0，推動中華文明從傳統內陸文明向陸海文明轉型。

（三）打造包容性全球化，破除西方中心論

海洋是各國經貿文化交流的天然紐帶。傳統全球化由海而起，由海而生，沿海地區、海洋國家率先發展起來，陸上國家、內地則較為落後，形成巨大的貧富差距；傳統全球化由歐洲開闢，由美國發揚光大，形成國際秩序的「西方中心論」，導致東方從屬於西方，農村從屬於城市，陸地從屬於海洋等一系列負面效應。

地球百分之七十一面積被海洋覆蓋，百分之九十貿易通過海洋進行。時至今日，按照世界銀行統計，全球產出的百分之八十來自沿海一百公里地帶。這就是近代世界的景象：邊緣型國家的崛起與文明中心地帶的塌陷，從葡萄牙、西班牙、荷蘭、英國到美國，大國因海洋而崛起，文明因大陸而衰落，直至中國二十世紀八十年代末還在流行「河殤」論調。自此，世界陷入「治—亂」週期律，地緣政治與權力遊戲大行其道。「世界體系」「依附論」揭示了全球化邊緣國家無法擺脫落後、

動盪的根源。

　　令人憂慮的是，近代地理大發現造成的不公正局面在二十一世紀不僅沒有緩解，反而更加強化。世界海底光纜集中在跨大西洋兩岸，廣大發展中國家要通過美歐而連接在一起。麥肯錫全球研究院二○一六年二月發布的報告《數字全球化：一個全球流動的新時代》指出，資料流程動產生了比全球貨物貿易更多的價值。儘管光纖電纜覆蓋了世界大部分地區，但沒有一條光纜直接連接亞洲與南美洲。拉丁美洲國家和中國的互聯網通信需要途經北美洲。而如今南南經濟交流勝過南北經濟交流，這種狀況亟待改變。

　　貧富差距、人心不通，乃各國所面臨的緊迫挑戰。全球化，成為我們時代的想當然。其實，所謂的全球化更多的是沿海地區與發達群體的「部分全球化」。在這種時代背景下，中國提出「一帶一路」倡議，可謂古絲綢之路的中國化、時代化、大眾化，堪稱第二次地理大發現，體現中國的擔當。同時也預示著，文明的復興而非單向度的全球化才是世界大勢所趨。以政策溝通、設施聯通、貿易暢通、資金融通、民心相通等「五通」所代表的互聯互通，才是塑造人類命運共同體的根本，推動實現真正的「包容性全球化」，讓全球化普惠而均衡，並落地生根，不僅為中華民族偉大復興規劃路徑，而且推動更多國家脫貧致富，開創二十一世紀地區與國際合作新模式。

　　推動從海洋為中心的全球化到陸海聯通的全球化，從西方中心的全球化到南北均衡的全球化，就成為「一帶一路」倡議的重要時代背景。「一帶一路」正在推動全球再平衡，打造包容性全球化，破除西方中心論。

二、二十一海上絲綢之路的內涵

二十一世紀海上絲綢之路以泉州等地為起點，橫跨太平洋、印度洋，歷經南海、麻六甲海峽、孟加拉灣、阿拉伯海、亞丁灣、波斯灣，涉及東盟、南亞、西亞、東北非等相關國家，重點方向是從中國沿海港口過南海到印度洋，延伸至歐洲；從中國沿海港口過南海到南太平洋。

二十一世紀海上絲綢之路是如何體現「五通」建設的呢？

政策相通：二十一世紀海上絲綢之路途經的區域主要包括東南亞、南亞、西亞、北非等地區與南太平洋地區，沿線的國家被緊密聯繫在一起。例如，目前中國啟動了中日韓自貿區談判，同時升級同東盟自貿區的關係，拓寬合作管道，推動區域一體化進程。同時，海上絲綢之路以其高度的包容性同陸上絲綢之路相配合，「一帶一路」內外相兼，海陸相結，同時推進中國改革開放的進一步深化和亞歐大陸乃至世界的和平穩定與繁榮發展。

設施聯通：今天，現代化人口規模從起初歐洲的千萬級、美國的上億級，向新興國家的幾十億級邁進，單靠歐洲所開闢的航線、美國所確立的規則，早已無法承載。在這種情形下，二十一世紀海上絲綢之路首先著眼於口岸基礎設施，暢通陸水聯運通道，推進港口合作建設，增加海上航線和班次，加強海上物流資訊化合作。拓展建立民航全面合作的平臺和機制，加快提升航空基礎設施水準。

貿易暢通：二十一世紀海上絲綢之路將海洋，尤其是港口，只是作為貿易通道的功能，予以提升，通過產業布局，港口經濟開發區，建設海上經濟走廊，並向內陸延伸，消除沿海—內陸地區發展差距。為體現二十一世紀時代特色，「一帶一路」沿線支點國家和地區建立起「數位驛站」，將陸上與海上資訊系統化、規模化、智慧化，以此推動變道超車的夢想早日實現，大大提升海上貿易。

資金融通：二十一世紀海上絲綢之路通過開發性金融模式，賦予海洋（港口）貿易之外的金融、投資功能。如今，新加坡，倫敦，是人民幣離岸清算中心的成功試點。未來，二十一世紀海上絲綢之路還會挖掘更多海上支點城市，形成資金鏈，推動人民幣國際化。

民心相通：泉州、寧波、廣州、南京等九個城市聯合申報海上絲綢之路文化遺產。中國港口城市與沿線港口城市正在締結各種合作協定，推行海上旅遊、培訓、文化等合作，促進沿海、沿線民心相通。

「十三五」規劃綱要提出，積極推進二十一世紀海上絲綢之路戰略支點建設，參與沿線重要港口建設與經營，推動共建臨港產業集聚區，暢通海上貿易通道。推進公鐵水及航空多式聯運，構建國際物流大通道，加強重要通道、口岸基礎設施建設。「十三五」規劃綱要還提出要「打造具有國際航運影響力的海上絲綢之路指數」。

三、二十一世紀海上絲綢之路的使命

二十一世紀海上絲綢之路肩負多重使命，也面臨多重風險，需要創新模式、革新理念，以共商、共建、共享原則打造利益共同體、責任共同體、命運共同體。

（一）突破三個島鏈封鎖

二〇一三年十月，在出席亞太經合組織（APEC）領導人非正式會議期間，習近平主席提出，東南亞地區自古以來就是海上絲綢之路的重要樞紐，中國願同東盟國家加強海上合作，使用好中國政府設立的中國—東盟海上合作基金，發展好海洋合作夥伴關係，共同建設二十一世紀海上絲綢之路。

二十一世紀海上絲綢之路的戰略合作夥伴並不僅限於東盟，而是以

點帶線、以線帶面，以重點港口為節點，共同建設通暢安全高效的運輸大通道，增進同沿線國家和地區的交往，將串起連通東盟、南亞、西亞、北非、歐洲等各大經濟板塊的市場鏈，發展面向南海、太平洋和印度洋的戰略合作經濟帶，以亞歐非經濟貿易一體化為發展的長期目標。由於東盟地處海上絲綢之路的十字路口和必經之地，將是新海上絲綢之路的首要發展目標，而中國和東盟有著廣泛的政治基礎，堅實的經濟基礎，二十一世紀海上絲綢之路建設符合雙方共同利益和共同要求。

其中尤其值得一提的是中巴經濟走廊，連接世界島中心——新疆，世界洋中心——印度洋，說明中國西北地方和中亞地區進入印度洋，抵達非洲、波斯灣、地中海，打通歐亞大陸的大動脈，突破美國海上聯盟體系組成三個島鏈對我圍堵。

（二）經濟使命：大力發展藍色經濟

絲綢之路經濟帶分為三條線路，即以亞歐大陸橋為主的北線（北京—俄羅斯—德國—北歐）、以石油天然氣管道為主的中線（北京—西安—烏魯木齊—阿富汗—哈薩克—匈牙利—巴黎）、以跨國公路為主的南線（北京—南疆—巴基斯坦—伊朗—伊拉克—土耳其—義大利—西班牙）。絲綢之路經濟帶重點暢通中國經中亞、俄羅斯至歐洲（波羅的海）；中國經中亞、西亞至波斯灣、地中海；中國至東南亞、南亞、印度洋。這些線路均為說明內陸地區尋找出海口，打通內陸與海洋。

除了幫助內陸尋找海洋外，海上合作本身具有十分重要意義：遠洋運輸保障體系建設取得進展，海洋產業合作領域不斷擴大，海上經濟走廊建設，挖掘藍色經濟增長潛力。

（三）政治使命：國內一體化

超越傳統胡煥庸線的經濟地理短板，實現國內平衡、協調發展，夯

實中國國內戰略基礎，是「一帶一路」建設的重要使命。

中國目前約三分之二的經濟活動與人力物力都集中在東部沿海一帶，而這部分卻只占中國土地面積的約三分之一。反之，中國中西部占地約三分之二，其經濟活動可能僅占全國的三分之一，導致沿海與內陸地區發展的不平衡。不僅如此，中國的運輸和通信航線都集中在東部長三角和華南珠三角，形成兩個瓶頸。中國進出口貨品經過這兩大瓶頸後，基本上都得通過水路運往東南亞與歐美地區，對東部沿海地區的過度依賴，是中國的戰略弱點。

在這種情形下，二十一世紀海上絲綢之路著眼於東西互濟、陸海聯通的全方位開放格局，推動國內一體化。

（四）安全使命：暢通海上生命線

「欲國家富強，不可置海洋於不顧。財富取之海洋，危險亦來自海上」。明代偉大航海家鄭和這句話提示我們，二十一世紀海上絲綢之路建設將使中國的觸角超越西太平洋海域，向南深入南太平洋、向西開闢進入印度洋通道，安全風險不可小覷。

南海、東海問題，尤其是中美安全秩序衝突、中日安全競爭，中國與印度在印度洋的競爭與合作，也給二十一世紀海上絲綢之路建設提出不少挑戰，客觀上在呼喚海上安全性群組織的建立和亞洲安全與信任措施的建立。

反過來說，建設二十一世紀海上絲綢之路也有利於中國海權的拓展和海洋權益的維護，有利於中國提供海上安全公共產品，暢通海上能源、貿易生命線。

（五）話語權使命：奪取道義制高點

二十一世紀海上絲綢之路以海洋夥伴關係超越海上聯盟體系，具有

重要話語權意義，助推中國打造道義制高點。

從人類文明史看，「一帶一路」正在開創「天人合一」「人海合一」的人類新文明。二〇一四年六月，國務院總理李克強在希臘雅典出席中希海洋合作論壇並發表了題為《努力建設和平合作和諧之海》的演講，全面闡述了中國新型「海洋觀」，得到了各方的積極回應。

建設「和平」之海。中國倡導與其他國家一道，共同遵循包括《聯合國海洋法公約》在內的國際準則，通過對話談判，解決海上爭端，謀取共同安全和共同發展。反對海上霸權，確保海上通道安全，共同應對海上傳統安全威脅以及海盜、海上恐怖主義、特大海洋自然災害和環境災害等非傳統安全威脅，尋求基於和平的多種途徑和手段，維護周邊和全球海洋和平穩定。

建設「合作」之海。中國積極與沿海國發展海洋合作夥伴關係，在更大範圍、更廣領域和更高層次上參與國際海洋合作，共同建設海上通道、發展海洋經濟、利用海洋資源、開展海洋科學研究，實現與世界各國的互利共贏和共同發展。其中，共建二十一世紀海上絲綢之路是中國建設「合作」之海的建設性舉措。

建設「和諧」之海。中國始終強調尊重海洋文明的差異性、多樣性，在求同存異中謀發展，協力構建多種海洋文明相容並蓄的和諧海洋，從而維護海洋健康，改善海洋生態環境，實現海洋資源持續利用、海洋經濟科學發展，促進人與海洋和諧發展，走可持續發展之路。

中國是世界最大貿易國家，同時奉行不結盟政策，並提出與作為海上霸主的美國建設新型大國關係。這就要求中國提出二十一世紀海洋合作新理念，創新航運、物流、安全合作模式，通過特許經營權、共建共享港口等方式，推進海上與陸上絲路對接。

這表明，二十一世紀海上絲綢之路貴在「二十一世紀」：表明中國既不走西方列強走向海洋的擴張、衝突、殖民的老路，也不走與美國海

洋霸權對抗的邪路，而是尋求有效規避傳統全球化風險，開創人海合一、和諧共生、可持續發展的新型海洋文明。

四、結語

總之，海上絲綢之路貴在二十一世紀。二十一世紀海上絲綢之路強調在二十一世紀如何實現港口改造、航線升級換代，不僅提升航運能力，更要做到「人海合一」，與陸上絲綢之路強調的「天人合一」相呼應。

理解二十一世紀海上絲綢之路，主要有「三新」。

一是新需求：當今世界幾十億人搞現代化，原來全球化瓶頸效應突顯，這就賦予二十一世紀海上絲綢之路的重要使命：港口、運河的改造和升級，資訊港建設，陸海聯通（快線），而且港口背後就是經濟開發區和試驗區，把中國改革開放的經驗往外延伸。

二是新領域：北極，金融、旅遊服務，比如人民幣離岸中心，海上銀行——從貿易到金融。

三是新思路：共商、共建、共享海底資源的開放和利用，海上安全秩序維護，海事規則的創新，新型海洋文明觀的倡導和推廣。

第十五節　全面深化改革　不負擔當使命

英國哲學家羅素一九二二年曾出版《中國問題》一書，這是他考察中國九個月後的感悟，得出結論說西方不能做中國教師爺。

近一個世紀過去了。何謂中國問題，如何解答？輪到早已當家做主的中國共產黨人來認真思考了。

當今中國面臨著什麼問題？從霧霾、腐敗到社會誠信下滑，凡此種種，可歸結為三大問題。

一是現代化問題：中國現代化進程所產生的問題，尤其是中國改革開放四十年遺留問題——快速的工業化和農業現代化帶來環境污染、資源短缺和制度缺失等。

二是全球化問題：中國參與全球化過程中所遭遇的人類共同問題，比如全球經濟不確定性、氣候變化、網路安全等等。為應對全球化挑戰，發達國家、新興國家、發展中國家都面臨國內改革的艱巨任務，差別在於可改革性、能否切實推動。一百七十年以來，中國第一次和西方站在同一條起跑線上，過去一直是中國解決自身的問題——民族獨立、國家富強等，西方解決他們的——經濟危機、黨同伐異。現在中國和西方面臨著越來越多共同的問題，這是過去從來沒有過的。不僅如此，到二〇二〇年各項改革要取得決定性成果，屆時中國將擁有相對於西方的制度競爭優勢，而不再在中國特色與普世價值間糾結。

三是文明轉型問題：中華文明五千年來首次實現從傳統農耕文明轉向工業（資訊）文明，從傳統的內陸文明轉向海洋文明，從傳統的地區性文明轉向全球文明。這三大轉型，真正掀開千年未有之變局，在中國

的政治、經濟、社會、生態、文化、外交等各方面，帶來一系列深刻而複雜的挑戰。

因此，要解決現時代的中國問題，不能回到過去，也不能回到西方，而只能靠中國共產黨人自己去探索、去建構、去創新。

這樣，在摸著石頭過河基礎上的頂層設計，顯得十分緊迫。歐洲一體化危機為此提供很好反例。長期靠政治妥協甚至危機來推進一體化，理念有餘而頂層設計不足，嚴重制約歐洲一體化進程，導致今天積重難返，遲遲走不出危機，陷入「左右為難」局面。在歐洲政治體制下，左派右派要得勢，都得討好老百姓。而老百姓對左、右的主張都只喜歡一半，所以左派上臺增福利容易，增稅難；右派上臺減稅容易，減福利難。如此往復迴圈，債務窟窿就難免越來越大，終於導致塌陷的大禍。而「左右兩派都要討好老百姓」恰恰又是民主制度的基本特徵，這樣的危機實際上就是民主制度的危機。歐盟的情形與全球金融海嘯始作俑者——美國，形成鮮明對照，後者一部憲法管到今天，多虧了頂層設計與制度創新，更早走出危機。

歐洲一體化困境還是缺乏強有力領導的問題，因此也在探索將歐盟兩巨頭——歐委會主席與歐洲理事會主席合二為一的可能。這就提示中國，不僅要下大力氣全面深化改革，還要形成對改革強有力領導機構。

中央決定由習近平總書記擔任全面深化改革領導小組組長，就是順興時代要求、改革呼喚和人民期待的產物，因為改革涉及經濟體制、政治體制、文化體制、社會體制、生態文明體制和黨的建設制度等方面，只有充分發揮中國共產黨強有力領導和中國社會主義制度優越性，才能負責改革總體設計、統籌協調、整體推進、督促落實。

小組的創建，充分展示中國式改革的三大法寶。

一是知行合一。不僅需要道路、理論、制度「三個自信」，還要有三個能力：認識力、行動力、執行力。

二是民主集中。西方政治思維在分權與制衡上做文章，滿足於「民主是最不壞的制度」。中國在集中力量辦大事、推進各項改革方面顯示中國特色社會主義制度優勢。

三是統籌兼顧。不僅是應對問題方式的統籌，也是部門的統籌，還是內外兩個大局的統籌。這三大統籌，需挖掘傳統中華智慧，並推進制度創新。

任職以來，習近平總書記敢於擔當、善於擔當，贏得了國內外的廣泛讚譽和深情期待。他擔任全面深化改革領導小組組長，是眾望所歸，是充分發揮黨和社會主義制度優越性的必然要求。

全面深化改革就是要理順各種利益關係、打破不合理的權力結構，探索有利於參與更高標準全球化競爭的發展模式，必將開創出一種符合人類未來可持續發展的制度文明。

五千年的文明傳承與轉型、五百年的西方中心論瓦解與超越、五十年中國特色社會主義制度成熟與創新，就成為全面深化改革領導小組的使命擔當。

第三章　大國擔當的未來

第一節　人類命運共同體思想的大氣魄

　　習近平總書記提出的人類命運共同體思想繼承和弘揚了《聯合國憲章》的宗旨和原則，是全球治理的共商、共建、共享原則的核心理念，超越傳統意義上「人類只有一個地球，各國共處一個世界」，形成積極意義上的「命運相連，休戚與共」。

一、時間維度：天涯共此時

　　習近平總書記提出的人類命運共同體思想，具有深厚的文明根基。《禮記》「天下大同」思想是中華文明的人類命運共同體思想的集中體現，人類命運共同體思想鼓勵不同發展階段、不同歷史文化背景的國家走符合自身國情發展道路，讓命運掌握在各國人民手上，可謂「天涯共此時」。

　　今天的「合」，就是超越國家的狹隘、國際差異，樹立人類整體意識。在日內瓦聯合國總部演講中，習近平主席指出，從三百六十多年前《威斯特伐利亞和約》確立的平等和主權原則，到一百五十多年前日內瓦公約確立的國際人道主義精神；從七十多年前《聯合國憲章》明確的四大宗旨和七項原則，到六十多年前萬隆會議倡導的和平共處五項原則，國際關係演變積累了一系列公認的原則。這些原則應該成為構建人類命運共同體的基本遵循。這表明，中國提出人類命運共同體思想，繼承了人類社會孜孜以求的傳統，並在二十一世紀使之昇華，既包容了西方現代性，又超越之，著眼於全球性、整體觀。

人類命運共同體思想是對古今中外、東西南北先賢思想的創造性轉化和創新性發展。古有張載「為天地立心，為生民立命，為往聖繼絕學，為萬世開太平」，近有費孝通「各美其美，美人之美，美美與共，天下大同」，西有康德「永久和平論」，南有泰戈爾「世界上的男女都是梵的形相」，人類命運共同體思想集古今中外、東南西北之大成，為國際社會鑄魂。

二、空間維度：天涯咫尺

　　人類命運共同體思想針對世界多樣性，從空間上塑造心理上的地球村，天涯咫尺的責任感、親密感和使命感。習近平主席說，「人類只有一個地球，各國共處一個世界」。「命運共同體」強調「命運相連，休戚與共」，為了和平、發展、合作、共贏的共同願景，應對共同的危機、共同的挑戰。各國只有相互尊重、平等相待，才能合作共贏、共同發展。

　　人類命運共同體在環境上強調可持續發展。除了生態文明的含義之外，人類命運共同體思想還有多方面含義：政治上，建立平等相待、互商互諒的夥伴關係。國家之間要構建對話不對抗、結伴不結盟的夥伴關係。要秉持和平、主權、普惠、共治原則，把深海、極地、外空、互聯網等領域打造成各方合作的新疆域，而不是相互博弈的競技場。安全上，堅持共建共享，建設一個普遍安全的世界。營造公道正義、共建共享的安全格局，倡導綜合安全、共同安全、合作安全、可持續安全的新安全觀。經濟上，堅持合作共贏，建設一個共同繁榮的世界。謀求開放創新、包容互惠的發展前景，推動國際社會均衡、協調發展。文化上，堅持交流互鑑，建設一個開放包容的世界，促進和而不同、兼收並蓄的文明交流。

命運共同體思想是利益共同體、責任共同體思想的昇華，最初著眼於周邊，後來多用於發展中國家，強調南方意識。最高的境界是人類命運共同體，從現實世界延伸到虛擬空間，從傳統領域拓展到全球公域。

三、自身維度：天涯所盼

人類命運共同體的關鍵字是人類、命運、共同體——人類：超越國家身分，體現天下擔當；命運：升級合作共贏，體現命運與共；共同體：超越地球村，樹立大家庭意識，塑造共同身分。命運共同體的核心要旨就是，世界命運應該由各國共同掌握，國際規則應該由各國共同書寫，全球事務應該由各國共同治理，發展成果應該由各國共同分享。這點也得到了許多發達國家和發展中國家的呼應。從毛澤東同志的「環球同此涼熱」到習近平同志的「人類命運共同體」，中國共產黨人的世界觀不斷與時俱進，中國逐漸佔據國際道義制高點。

從人類文明史看，人類命運共同體理念的提出，給國際社會確立了「三同」，化解「三異」：一是以共同使命化解國家利益衝突。「讓和平的薪火代代相傳，讓發展的動力源源不斷，讓文明的光芒熠熠生輝，是各國人民的期待，也是我們這一代政治家應有的擔當。中國方案是：構建人類命運共同體，實現共贏共享。」習近平主席的上述講話表明，人類命運共同體理念是和平、發展、合作的人類主題的高度濃縮和昇華，著眼於各國共同發展，而非糾纏於國家利益的分歧和衝突。二是以共同目標化解全球化爭執。和平與發展，是人類經歷一個多世紀血雨腥風的探索得出的寶貴啟示。然而，當今世界充滿不確定性，人們對未來既寄予期待又感到困惑。隨著傳統全球化失去目標，人類命運共同體賦予國際社會以更宏偉的目標，超越了西式全球化的狹隘。三是以共同身分化解價值觀分歧。中國提出人類命運共同體思想，繼承了人類社會孜孜以

求的傳統，並在二十一世紀使之昇華，引領了全球治理、國際合作的新方向，體現了中國的天下擔當。命運共同體思想的深遠意義是告別意識形態和價值觀的對立，追求人類共同價值觀。

四、共建人類命運共同體是中國的響亮回答

從人類歷史上看，大國崛起一定會提出引領世界未來的合作倡議和價值理念。「一帶一路」倡議和人類命運共同體理念就承載著這一使命。

習近平主席在二〇一七年五月十四日的「一帶一路」國際合作高峰論壇開幕式上發表的主旨演講中指出，「我們正處在一個挑戰頻發的世界。和平赤字、發展赤字、治理赤字，是擺正全人類面前的嚴峻挑戰」。為解決這三大赤字，習近平主席演講中回溯到兩千年的絲路文明，號召我們不忘初心，不讓浮雲遮目，堅定信念——各國之間的聯繫從來沒有像今天這樣緊密，世界人民對美好生活的向往從來沒有像今天這樣強烈，人類戰勝困難的手段從來沒有像今天這樣豐富。

聯合國將「構建人類命運共同體」理念寫入第2344號決議，這表明，人類命運共同體理念正成為廣泛的國際共識，標誌著中國逐漸佔據人類道義制高點。

命運共同體思想繼承和弘揚了《聯合國憲章》的宗旨和原則，是全球治理的共商、共建、共享原則的核心理念，超越傳統意義上「人類只有一個地球，各國共處一個世界」，形成積極意義上的「命運相連，休戚與共」，就是不僅要在物質層面，還要在制度、精神層面上求同存異、聚同化異，塑造「你中有我、我中有你」的人類新身分，開創天下為公、世界大同的人類新文明。

第二節　人類命運共同體的內涵與使命

從人類歷史上看，大國崛起一定會提出引領世界未來的合作倡議和價值理念。「一帶一路」及其背後的人類命運共同體理念就承載著這一使命。

一、人類命運共同體理念的三重意義

命運共同體思想繼承和弘揚了《聯合國憲章》的宗旨和原則，是全球治理的共商、共建、共享原則的核心理念，旨在超越消極意義上「人類只有一個地球，各國共處一個世界」，形成積極意義上的「命運相連，休戚與共」，就是不僅要在物質層面，還要在制度、精神層面上求同存異、聚同化異，塑造「你中有我、我中有你」的人類新身分，開創天下為公、世界大同的人類新文明。從人類文明史看，人類命運共同體理念的提出，就是給國際社會確立「三同」，化解「三異」。

一是以共同使命化解國家利益衝突。「讓和平的薪火代代相傳，讓發展的動力源源不斷，讓文明的光芒熠熠生輝，是各國人民的期待，也是我們這一代政治家應有的擔當。中國方案是：構建人類命運共同體，實現共贏共享。」習近平主席的講話表明，人類命運共同體理念是和平、發展、合作人類主題的高度濃縮和昇華，著眼於各國共同發展而非糾纏於國家利益的分歧和衝突。

二是以共同目標化解全球化爭執。和平與發展，是人類經歷一個多世紀血雨腥風的探索得出的寶貴啟示。然而，當今世界充滿不確定性，

人們對未來既寄予期待又感到困惑。世界怎麼了、我們怎麼辦？當前，這種擔心尤其體現在對全球化前途的迷茫：傳統全球化失去目標。人類命運共同體賦予國際社會以更宏偉的目標，超越了西式全球化的狹隘。

三是以共同身分化解價值觀分歧。中國提出人類命運共同體思想引領了全球治理、國際合作的新方向，體現了中國的天下擔當。命運共同體思想的深遠意義是告別意識形態和價值觀的對立，追求人類共同價值觀。各國具有差異性，世界具有多樣性，但共同的歷史記憶、共同的處境、共同的追求將各國緊密相連，形成共同身分與認同，塑造共同未來。西方有「人人為我，我為人人」的名言，東方有「各美其美，美人之美，美美與共，天下大同」的思想，「命運共同體」之道具有穿越時空的普遍意義。正如習近平主席二〇一五年九月在第七十屆聯合國大會一般性辯論時指出的：「大道之行也，天下為公。和平、發展、公平、正義、民主、自由，是全人類的共同價值，也是聯合國的崇高目標。」

二、理解「人類命運共同體」的三個維度

共建人類命運共同體，是五千年中華文明、崛起的中國對事關人類最基本問題的響亮回答。這個最基本的問題，就是我們從哪裡來、現在在哪裡、將到哪裡去？命運共同體思想是利益共同體、責任共同體思想的昇華，最初著眼於周邊（安身立命之所，發展繁榮之基），後來多用於發展中國家，強調南方意識，最高境界是人類命運共同體，從現實世界延伸到虛擬空間，從傳統領域拓展到全球公域。

具體而言，可從三個維度講好「人類命運共同體」故事。

一是歷史維度。天下大勢，合久必分，分久必合。今天的「合」，就是超越國家的狹隘、國際差異，樹立人類整體意識。中國提出人類命運共同體思想，繼承了人類社會孜孜以求的和平發展思想，並在二十一

世紀使之昇華。

二是現實維度。政治上：夥伴關係。建立平等相待、互商互諒的夥伴關係。國家之間要構建對話不對抗、結伴不結盟的夥伴關係。大國要尊重彼此核心利益和重大關切，管控矛盾分歧，努力構建不衝突不對抗、相互尊重、合作共贏的新型關係。

安全上：相互依賴。堅持共建共享，建設一個普遍安全的世界。營造公道正義、共建共享的安全格局，倡導綜合安全、共同安全、合作安全、可持續安全的新安全觀。

經濟上：共同發展。堅持合作共贏，建設一個共同繁榮的世界。謀求開放創新、包容互惠的發展前景。大家一起發展才是真發展，可持續發展才是好發展。命運共同體源於相互依存又超越相互依存，以積極相互依存超越消極相互依存，推動國際均衡、協調發展。

文化上：多元共生。堅持交流互鑑，建設一個開放包容的世界。促進和而不同、兼收並蓄的文明交流。二〇一四年三月，習近平主席在聯合國教科文組織總部演講時指出：「當今世界，人類生活在不同文化、種族、膚色、宗教和不同社會制度所組成的世界裡，各國人民形成了你中有我、我中有你的命運共同體。」

環境上：可持續發展。堅持綠色低碳，建設一個清潔美麗的世界。構築尊崇自然、綠色發展的生態體系。「人類只有一個地球，各國共處一個世界」。命運共同體強調「命運相連，休戚與共」，為了和平、發展、合作、共贏的共同景象，共同應對共同的危機、共同的挑戰。各國只有相互尊重、平等相待，才能合作共贏、共同發展。

三是未來維度。命運共同體思想也是對中國與世界關係的宣示：世界好，中國才能好；中國好，世界才更好。更長遠的意義則是告別普世價值的虛偽，追求人類共同價值觀。命運共同體著眼於人類文明的永續發展，推動建立文明秩序，超越狹隘的民族國家視角，樹立人類整體

觀。超越國際秩序和意識形態差異，尋求人類最大公約數，塑造以合作共贏為核心的新型國際關係，倡導和平發展、共同發展、可持續發展。

三、「一帶一路」建設的實踐

命運共同體的核心要旨就是，世界命運應該由各國共同掌握，國際規則應該由各國共同書寫，全球事務應該由各國共同治理，發展成果應該由各國共同分享。這點也得到了發達國家的呼應。

總的來看，建設命運共同體有三個階段。

階段一，寓命於運。命運要掌握在自己手裡，世界的前途命運必須由各國共同掌握，這是建立共同體的前提。中國應積極倡導建立「同呼吸，共命運」的安全夥伴關係，超越「安全上靠美國，經濟上靠中國」的「亞洲悖論」及雙邊軍事聯盟體系。

階段二，寓運於命。命運要聯通起來，各國自主選擇社會制度和發展道路，尊重各國推動經濟社會發展、改善人民生活的實踐，實現安全與經濟協同發展。

階段三，寓異於同。各國具有差異性，世界具有多樣性，但共同的歷史記憶、共同的處境、共同的追求，將各國緊密相連，形成共同身分與認同，塑造共同未來。

「理念引領行動，方向決定出路」。「一帶一路」倡議正在踐行其理念，化為各國共同行動，體現了中國「知行合一」哲學。「人類命運共同體」理念體現在「一帶一路」倡議中，就是要鼓勵各國走符合自身國情的發展道路，命運掌握在自己手裡，減少對其他國家尤其是西方大國的依賴。以我「四個自信」助推沿線國家的「四個自信」，讓世界走出近代、告別西方，從而也徹底消除西方顏色革命的思想土壤。

「一帶一路」推動歐亞大陸回歸人類文明中心地帶。建設人類命運

共同體，就是天下大同思想在二十一世紀的大回歸。在地理大發現之前，世界的中心是歐亞大陸，即從西班牙海岸延伸到中國海岸的一整塊大陸，當時的主要商道就是絲綢之路。而歐洲特別是英國顯然處於世界的邊緣地帶。自從絲綢之路斷了以後，很多國家都想恢復。恢復絲綢之路是百年夢想，因為歐亞大陸內陸國家物流成本非常高，根本競爭不過海上，而產業鏈都是沿海布局，內陸地區就落後了。不打通絲綢之路，內陸與沿海地區的發展差距就難以消除。聯合國教科文組織和聯合國開發計劃署發揮了重要作用，它們先後提出了東西文明對話、歐亞大陸橋的概念。第一個歐亞大陸橋是從符拉迪沃斯托克到了鹿特丹，第二個是連雲港到鹿特丹，第三個從昆明到鹿特丹。這些理想因為「一帶一路」而全部實現，而且是超越實現，今天歐亞大陸開通了三十五對歐亞快線。其他國家也有一些復興絲綢之路的想法，包括日本、美國等。中國最晚提出絲綢之路復興計劃，但卻是最成功的。據此，歐洲迎來了重返世界中心地位的歷史性機遇，這就是歐亞大陸的復興。作為「世界島」的歐亞大陸一體化建設將產生布熱津斯基《大棋局》一書所說的讓美國回歸「孤島」的戰略效應，和讓亞歐大陸重回人類文明中心的地緣效應，重塑全球地緣政治及全球化版圖。

「一帶一路」倡議的提出，實現了國際政治從地緣政治、地緣經濟到地緣文明的跨越。這是人類命運共同體的文明邏輯。

超越地緣政治。在和平與發展的時代，傳統地緣政治的犧牲品、文明與板塊斷裂帶，如今成了歐亞互聯互通的香餑餑：中東歐國家本為歐洲的邊緣地帶，如今成為歐亞連接處；塞爾維亞本是大國角逐的棄兒，如今成為中歐陸海快線的節點，「16＋1」合作非歐盟成員國的領頭羊和基礎設施歐方協調國；波蘭從俄德對峙的犧牲品轉變成「16＋1」合作的領頭羊、中國進入歐洲的門戶，告別非歐元區國家的尷尬而在中東歐國家中率先加入亞投行；烏茲別克斯坦從傳統內陸國變成中國—中

亞一西亞經濟走廊的節點國……原因都是一樣的，因為有了「一帶一路」倡議，這些國家積極參與「一帶一路」建設。

超越地緣經濟。地理環境不僅規劃了政治版圖，也促進了經濟合作。然而，地理因素、區域經濟是地緣經濟的主要表徵，跨國公司是地緣經濟中最活躍的要素。「一帶一路」通過陸海聯通、經濟走廊、政企統籌，超越了地緣經濟，其空間重點走向可以用「六廊六路」「多國多港」來概括。「六廊」就是六大經濟走廊；「六路」就是鐵路、公路、水路、空路、管路、資訊高速；「多國」就是培育若干支點國家；「多港」就是建設若干支點港口。

塑造地緣文明。「一帶一路」建設強調市場化運作，但也體現正確的義利觀，強調利益共同體、責任共同體和命運共同體的有機統一。沙特麥加輕軌鐵路被譽為穆斯林「朝觀之路」，就超越了經濟─政治考量，縮短的不是空間距離，更是心理距離。該輕軌是沙烏地阿拉伯王國用於緩解每年數百萬穆斯林在朝觀期間的交通壓力，在伊斯蘭教第一聖城──麥加投資興建的鐵路，全長十八點二五公里，是沙特第一條輕軌鐵路。二○○九年二月十日中沙兩國簽訂合同，二○一○年九月二十三日全線鋪通，二○一○年十一月十四日開通運營。而中國─尼泊爾─印度經濟文化走廊，則打造了佛教朝觀之路，是「一帶一路」倡導地緣文明的又一例證。

沿線國家命運與中國越來越鉚在一起，途徑就是共商、共建、共享「一帶一路」。為此，中國增加對沿線國家的公共產品供給，尤其是互聯網等新興領域，增加沿線國家對中國經濟依賴，探討以全球夥伴關係化解美國聯盟體系。

中美應共同倡議「一帶一路」2.0或全球基礎設施聯盟、國際開發署等新架構，推動中美合作。甚至可考慮將「一帶一路」延伸到美國中西部地區，對接特朗普總統基礎設施建設計劃。

在「一帶一路」倡議下，探索中華文明如何實現與歐亞非大陸古老文明共同復興之道。啟動「和平合作、開放包容、互學互鑑、互利共贏」的絲路精神，開創以合作共贏為核心的新型國際關係，探尋二十一世紀人類共同價值體系，建設人類命運共同體；鼓勵各國走符合自身國情的發展道路，與「一帶一路」沿線國家開展先進、適用、有利於就業、綠色環保的產能合作，支援其工業化進程，讓合作成果更多惠及「一帶一路」人民，實現共同發展與繁榮；實現人類永續發展，各種文明、發展模式相得益彰、美美與共，開創中華文明與歐亞非古老文明共同復興的美好前景；推動人類的公平正義事業，締造「一帶一路」地區的持久和平，實現全球化時代的「天下大同」。

人類命運共同體思想告別了近代「外國的月亮比中國圓」的虛幻，回到「我們共享一個月亮」的事實。歷史上，我們同是絲路人；如今，我們同是帶路者。這在中國經歷四十年改革開放所探索出的創新、協調、綠色、開放、共享的五大發展理念基礎上，展示了解決世界性難題的中國方案。

和平之路：絲綢之路是和平的產物。今天，「一帶一路」通過倡導發展導向的全球化，樹立共同、綜合、合作、可持續的安全觀，標本兼治、統籌協調，綜合施策，正在消除衝突、動盪的根源。

繁榮之路：絲綢之路是繁榮的標誌。古絲綢之路沿線地區曾是「流淌著牛奶和蜂蜜的地方」，「一帶一路」正在再現這種繁榮景象，通過「經濟大融合、發展大聯動、成果大共享」，給世界經濟發展帶來福音。

開放之路：絲綢之路是開放的結果。「一帶一路」正在打造「開放、包容、普惠、平衡、共贏的經濟全球化」，是應對保護主義的最有力方案。

創新之路：絲綢之路是創新的寶庫。「一帶一路」著眼於二十一世紀的互聯互通，創新合作模式、創新合作觀念，引領國際合作方向。

文明之路：絲綢之路是文明的象徵。「一帶一路」將人類四大文明──埃及文明、巴比倫文明、印度文明、中華文明串在一起，通過由鐵路、公路、航空、航海、油氣管道、輸電線路和通信網路組成的綜合性立體互聯互通，推動內陸文明、大河文明的復興，推動發展中國家脫貧致富，推動新興國家持續成功崛起。一句話，以文明復興的邏輯超越了現代化的競爭邏輯，為二十一世紀國際政治定調，為中國夢正名。「一帶一路」所開創的文明共同復興的秩序可稱之為「文明秩序」。

　　針對國際社會對「一帶一路」各種各樣的擔心，習近平主席表示：「中國願同世界各國分享發展經驗，但不會干涉他國內政，不會輸出社會制度和發展模式，更不會強加於人。我們推進『一帶一路』建設不會重複地緣博弈的老套路，而將開創合作共贏的新模式；不會形成破壞穩定的小集團，而將建設和諧共存的大家庭。」做到這一點，就在開創人類新文明，開創國際合作的新紀元。「一帶一路」堅持共商、共建、共享原則，強調開放包容，超越近代殖民主義、帝國主義、霸權主義，創造沒有霸權的時代，開創東西和諧、南北包容的未來。

　　世上本沒有路，走的人多了，也就成了路。美日韓等國都派代表參加了「一帶一路」國際合作高峰論壇，可謂盛況空前，這正應了那句話「形勢比人強」。「一帶一路」在鼓舞各國走符合自身國情的發展道路基礎上，正在開創人類合作新紀元，引領二十一世紀人類新文明，需要各國攜手並進，走通、走好。「一帶一路」成為全球合作平臺，而不只是中國倡議，這是高峰論壇的盛況所展示的。

　　一句話，「一帶一路」國際合作高峰論壇奏響了全球共建「一帶一路」這一偉大事業的偉大實踐的序曲，正在形成大合唱，開創人類新文明。

四、抓住歐洲，是建設人類命運共同體的關鍵

連接歐亞大陸東西端的古代是絲綢之路，今天就是「一帶一路」。這期間經歷了五百年的中斷。十五世紀奧斯曼土耳其帝國崛起，壟斷古絲綢之路貿易，歐洲人無法通過絲綢之路與中國正常貿易，才被迫走向海洋並殖民世界，使農村從屬於城市、東方從屬於西方，大陸從屬於海洋。一句話，近代以來中歐分道揚鑣了。

以「一帶一路」為代表的歐亞大陸互聯互通，使實現歷史大回歸，重塑中歐命運共同體成為可能。「一帶一路」倡議更是使中歐關係發展提升到洲際合作高度。「一帶一路」倡議提出後，中國─中東歐「16＋1」合作的層次、意義又得到了提升，「中國─中東歐國家合作中期規劃」就是明證。在「一帶一路」六十多個沿線國家中，中東歐國家占四分之一，是全球新興市場的重要板塊，「一帶一路」建設不僅拓寬了沿線國家的企業投資之路、貿易之路，也拓寬了中國與中東歐國家的文化之路和友誼之路。匈塞鐵路延伸並連接希臘比雷艾夫斯港，成為陸上與海上絲綢之路連接的關節點。這不僅賦予中東歐國家作為進入歐洲心臟的門戶、橋梁與紐帶角色外的新使命，也為「16＋1」合作機制拓展提供了可能。「16＋1」合作已成為中歐關係新亮點，成為「一帶一路」的樣板房。

從歐洲方面說，抓住中國機遇成為應對危機、走出危機的重要方向：「在當今這個互聯互通的世界，歐洲和亞洲之間的人為劃分是難以為繼的。……歐洲只有一條擺脫地緣政治陷阱的途徑：它也必須擁抱歐亞的天命。」葡萄牙歐洲事務國務祕書布魯諾‧馬薩斯曾在《金融時報》撰文「我們都是『歐亞人』」，代表了歐洲精英對「一帶一路」所開創的歐洲振興時代的歡迎。

對於中國來說，大國崛起須站在巨人肩膀上，得歐洲者得天下，已

成國內共識。儘管迄今GDP才佔據世界的百分之十三，離開史上最頂峰時期的三成還有巨大差距，但是中國在世界大三角——「中俄美」軍事大三角、「中歐美」經濟大三角中，已是三分天下有其一。中國崛起如何做到三分天下有其二呢？「一帶一路」就是在世界製造業中心（北美、歐洲、東亞），地區一體化三翼（NAFTA，EU，EA）的三分天下中，中歐合作開發歐亞非協力廠商市場的國際合作倡議。中歐因為絲綢之路的復興而再次走到一起，建設命運共同體，開創東西互鑑新時代，引領二十一世紀和新型國際關係，既是中歐之福，也是世界之福。

五、建設人類命運共同體的三部曲

人類命運共同體是「一帶一路」倡議所構想的最高目標，可通過三部曲實現。

首先，「一帶一路」倡議的小目標是打造周邊命運共同體。中國有十四個陸上鄰國，與六個國家隔海相望，安定的周邊環境對於中國的穩定發展至關重要。中國周邊外交秉持「親、誠、惠、容」理念，堅持以鄰為善、與鄰為伴，堅持睦鄰、安鄰、富鄰，非常重視作為中國安身立命之所、發展繁榮之基的周邊地區。習近平主席在和平共處五項原則發表六十周年紀念大會上指出，「當今世界正在發生深刻複雜的變化，和平、發展、合作、共贏的時代潮流更加強勁，國際社會日益成為你中有我、我中有你的命運共同體」。正是通過「一帶一路」建設，中國能夠積極推動同周邊地區和國家建立起緊密的經濟聯繫和區域合作關係。無論是「守望相助、弘義融利、心心相印、風雨同舟、勇擔責任」的中巴命運共同體，還是中國—東盟命運共同體、亞洲命運共同體、中拉命運共同體、中非命運共同體等，都是通向人類命運共同體的一小步。

其次，「一帶一路」倡議的最高目標離不開利益共同體和責任共同

體意識的塑造，其具體表現為公正合理的全球治理體系。相互依存的發展使世界各國命運更加緊密相連，習近平總書記在政治局第二十七次集體學習時強調，隨著全球性挑戰增多，加強全球治理、推進全球治理體制變革已是大勢所趨。在金磚國家領導人第七次會晤中，習近平總書記提出「國際經濟規則需要不斷革故鼎新，以適應全球增長格局新變化，讓責任和能力相匹配」，「推動國際經濟秩序順應新興市場國家和發展中國家力量上升的歷史趨勢」。在習近平總書記看來，公正合理的全球治理體系的特徵是：以共同利益為基礎、以合作解決分歧以及重視共同發展的實現。為達到這一目標，需要在現存全球治理體系中擴大新興國家代表權，提升發展中大國的制度話語權，弘揚「共商、共建、共享」的全球治理理念。

再次，「一帶一路」倡議的最高目標已經得到了廣泛的國際認可。二〇一七年一月十八日，習近平主席在瑞士出席「共商共築人類命運共同體」高級別會議時，呼籲各方共同促進建設人類命運共同體的偉大進程，堅持對話協商、共建共享、合作共贏、交流互鑑、綠色低碳，建立一個持久和平、普遍安全、共同繁榮、開放包容、清潔美麗的世界，作為一種共同的發展願景獲得了廣泛認可。

命運共同體著眼於人類文明的永續發展，推動建立文明秩序，超越狹隘的民族國家視角，樹立人類整體觀。這是從人類文明高度理解「命運共同體」思想應有的啟示。

第三節　尋求惠及各國的最大公約數

一、各國政黨應達成共識

政黨責任，在國內體現為「為人民服務」，在國際層面上體現為「以人類為關懷」。構建人類命運共同體，體現了世界國與國之間尋找最大公約數。這一倡議，不僅源於中國五千年的悠久歷史和人文思想，並與各種文化和文明的類似追求是相通的。

於中國共產黨而言，我們為共產主義而奮鬥的遠大理想，在當今可以體現為溝通人類命運共同體，尋求惠及各國的最大公約數。習近平總書記對人類命運共同體的闡述，是繼在瑞士日內瓦萬國宮對此闡述之後，在政黨層面做出的一個系統和深入的闡述，引起了與會者的廣泛共鳴。各國政黨和政治組織的代表紛紛表達自己的思想，分享和交流的態勢是非常好的，這是很讓人感動的。

習近平總書記談到，中國共產黨是世界上最大的政黨，大就要有大的樣子。大的政黨是什麼樣子呢？要有人類的擔當，要有能力把不同意識形態的各類政黨凝聚在一起。因此，中國共產黨與世界政黨高層對話會是一個創舉，習近平總書記講話所提及的共建美好家園、綠水青山、脫貧發展、維護和平、文化交流等理念，打動了各個政黨的「心」。高層對話會這一重要平臺上，各個政黨平等溝通，交流互鑑，通過政黨的對話，推動各國治理，全球治理。

二、中國在構建人類命運共同體的作用

　　正如習近平總書記所講，我們要把自己的事情做好，這本身就是對構建人類命運共同體的貢獻。如何來做呢？習近平總書記說得特別好，特別強調了，通過推動中國發展給世界創造更多機遇，通過深化自身實踐探索人類社會發展規律並同世界各國分享。我們不「輸入」外國模式，也不「輸出」中國模式，不會要求別國「複製」中國的做法。這樣的說法，特別有針對性。我們結合自己的國情，兼收並蓄，融會貫通，不照搬其他國家的發展模式。此外，習近平總書記也講到，我們應該堅持你好我好大家好的理念。我們要找到一個溝通交流的平臺，也就是要搭建高層對話會的平臺。最終，我們也要加強引領，這種引領是各個政黨超越意識的隔閡，民族文化差異一起引領。所以，政黨的責任，首先就是做好自己的事情，找到自己的發展道路，不要干涉別國的內政。同時，要相互的學習、包容，形成良好的政黨夥伴關係。

　　政黨的責任，要以人民為中心。怎樣體現呢？當前，網路越來越多地體現「民意」，走好群眾路線，也需要在網路上加以體現。中國古代有句話，「文以載道」，網路作為一種新興的文明，「網以載道」怎麼載？最大的「道」就是人，就是人民，這是我們一切工作的出發點。

第四節　人類命運共同體實現共贏共享

　　回首最近一百多年的歷史，人類經歷了血腥的熱戰、冰冷的冷戰，也取得了驚人的發展、巨大的進步。二十世紀上半葉以前，人類遭受了兩次世界大戰的劫難，那一代人最迫切的願望，就是免於戰爭、締造和平。二十世紀五六十年代，殖民地人民普遍覺醒，他們最強勁的呼聲，就是擺脫枷鎖、爭取獨立。冷戰結束後，各方最殷切的訴求，就是擴大合作、共同發展。

　　人類正處在大發展大變革大調整時期。世界多極化、經濟全球化深入發展，社會資訊化、文化多樣化持續推進，新一輪科技革命和產業革命正在孕育成長，各國相互聯繫、相互依存，全球命運與共、休戚相關，和平力量的上升遠遠超過戰爭因素的增長，和平、發展、合作、共贏的時代潮流更加強勁。

　　讓和平的薪火代代相傳，讓發展的動力源源不斷，讓文明的光芒熠熠生輝，是各國人民的期待，也是我們這一代政治家應有的擔當。中國方案是：構建人類命運共同體，實現共贏共享。

　　如果將來歷史學家書寫歷史，恐怕會將二〇一七年描繪為全球化發展的分水嶺和人類命運共同體建設元年。中國國家主席習近平在出席達沃斯論壇年會時提出中國引領全球化主張，隨後訪問日內瓦聯合國總部，在萬國宮就人類命運共同體是什麼、為什麼做了系統的闡述，年底又在中國共產黨與世界政黨高層對話會上深入闡述了如何建設人類命運共同體。

聯合國祕書長古特雷斯對此評論說：「中國已成為多邊主義的重要支柱，而我們踐行多邊主義的目的，就是要建立人類命運共同體。」第七十一屆聯合國大會主席彼得‧湯姆森表示：「對我而言，這是人類在這個星球上的唯一未來。」

一、人類命運共同體何以引發世界共鳴

繼承與超越：人類命運共同體繼承了三百六十多年前《威斯特伐利亞和約》確立的平等和主權原則、一百五十多年前日內瓦公約確立的國際人道主義精神、七十多年前聯合國憲章明確的四大宗旨和七項原則、六十多年前萬隆會議倡導的和平共處五項原則等國際關係演變所積累的一系列公認的原則。這些原則構成構建人類命運共同體的基本遵循。

相通與包容：各國具有差異性，世界具有多樣性，但共同的歷史記憶，共同的處境，共同的追求，將各國緊密相連，形成共同身分與認同，塑造共同未來。作為人類思想的包容和集成，「人類命運共同體」聚同化異，形成人類新共識。人類命運共同體之道，就是尋求人類價值的最大公約數，塑造人類共同價值。

務實與前瞻：「一帶一路」是踐行人類命運共同體理念的重要抓手。如果說人類命運共同體為解決人類問題貢獻了中國智慧，「一帶一路」則是為解決人類問題貢獻了中國方案。命運共同體思想是利益共同體、責任共同體思想的昇華，最初著眼於周邊：安身立命之所，發展繁榮之基，後來多用於發展中國家，最高境界是人類命運共同體。人類命運共同體中「命」和「運」要結合在一起，「命」是解決身分認同的問題，解決安全感和獲得感的問題；「運」是解決發展的問題，解決態勢和未來的問題。

人類命運共同體理念將和平發展合作共贏的外交旗幟予以昇華，求

世界大同，已然成為推動全球治理體系變革、構建新型國際關係和國際新秩序的共同價值規範。和平發展是各國人民的期待，也是政治家應有的擔當，中國方案是：構建人類命運共同體，實現共贏共享。

總之，命運共同體思想繼承和弘揚了《聯合國憲章》的宗旨和原則，是全球治理的共商、共建、共享原則的核心理念，為「一帶一路」建設塑造了靈魂，超越消極意義上「人類只有一個地球，各國共處一個世界」，形成積極意義上的「命運相連，休戚與共」，塑造「你中有我、我中有你」的人類新身分，開創天下為公、世界大同的人類新文明。命運共同體是超越國家的狹隘、利益差異，建立以合作共贏為核心的新型國際關係，著眼人類文明的永續發展，超越狹隘的民族國家視角，推動建立文明新秩序。這是從人類文明高度理解「命運共同體」思想應有的啟示。

著眼當今世界，人類命運共同體理念順應了各國要將命運掌握在自己手裡、走符合自身國情發展道路的普遍訴求，這是其引發世界廣泛共鳴的根本原因。

二、分化的世界亟待構建人類命運共同體

以「在分化的世界中打造共同命運」為主題的世界經濟論壇第四十八屆年會在瑞士達沃斯開幕。本屆論壇立足世界分化的現實，積極倡導人類命運共同體意識，並推動世界各國在構建人類命運共同體的新征程上繼續前行。

在國際社會，由於全球發展失衡，各國經濟與社會呈現明顯的分化格局。二〇一七年十月，國際貨幣基金組織（IMF）發布的《全球經濟展望》報告估計，金融危機後的十年間，發達經濟體經濟增長率的平均水準為1.2%，而新興市場與發展中經濟體經濟增長率的平均水準為

5.1%，兩者相差3.9個百分點。未來五年，發達經濟體經濟增長率的平均水準將為1.8%，新興市場與發展中經濟體經濟增長率的平均水準為5.0%。儘管兩者的速差有所縮小，但仍維持雙速增長態勢。

在發達經濟體以及新興市場與發展中經濟體內部，分化現象同樣明顯。IMF估計數字顯示，在發達經濟體的代表——七國集團成員中，金融危機十年來加拿大和美國的經濟增速平均分別為1.7%和1.4%，同期義大利的經濟增速為-0.6%，法國與日本也僅在0.5左右；在新興市場經濟與發展中經濟體的代表——金磚國家中，中國與印度的經濟增速平均為8.2%和7.0%，而南非、巴西和俄羅斯的經濟增速平均分別為1.7%、1.5%和1.2%，形成了較為明顯的兩個增長梯隊。

經濟增長的持續分化加大了各國之間的政策分化，全球宏觀經濟政策協調難度加大。為了維護自身利益，促進自身發展，一些國家開始熱衷於採取以鄰為壑的保護主義政策，國際經濟環境日益惡化。英國經濟政策研究中心（CEPR）發布的《全球貿易預警》報告顯示，二〇〇九至二〇一七年間，二十國集團（G20）中的十九個國家成員累計出臺貿易保護主義措施七千八百餘項，其中美國累計出臺約一三八〇項，居全球首位；同期，十九個成員累計出臺貿易自由化措施僅二千五百餘項。

在各國國內社會，收入分化導致的政治與社會分化已成為很多國家當前面臨的嚴峻問題之一。二〇一八年一月，國際發展與援助組織——樂施會（Oxfam）發布的最新報告稱，二〇一七年全球貧富分化進一步加劇。二〇一〇年起，全球億萬富豪的財富平均每年增長約13%，而普通工人的工資平均每年僅增長2%。二〇一七年，全球最富有的四十二人所擁有的財富相當於全球最貧困的三十七億人所擁有的財富，82%的全球財富流向了全球最富有的1%的人口。

分地區和國別來看，過去數十年間，幾乎全球所有國家的居民收入差距均有不同幅度的增加。世界不平等研究機構（World Inequality Lab）

發布的《世界不平等報告》顯示，印度、北美（美國與加拿大）和俄羅斯的居民收入不平等上升最快，二〇一六年收入前10%的人口占國民總收入的份額分別為55%、47%和46%，分別較一九八〇年上升了二十四、十三和二十五個百分點。收入分配的不公平加大了不同群體的利益分化和政治上的分裂，並為社會的不穩定埋下禍根。一些國家與地區的動盪不安也與此不無關聯。

世界的分化日益加劇已成為衍生各種全球性問題和挑戰的根源，但彌合世界的分化，需要世界上每個國家和地區及其人民的共同努力。在一個高度相互依存的世界裡，各國和各地區早已形成了「你中有我，我中有你」的命運共同體，世界各國人民的利益高度融合。並且，每個國家、每個地球人都有發展權利，都有權分享人類社會的發展成果。正因如此，中國堅持推動構建人類命運共同體，在追求本國利益時兼顧他國合理關切，在謀求本國發展中促進各國共同發展，不斷推動經濟全球化朝著更加開放、包容、普惠、平衡、共贏的方向發展。

在世界經濟論壇的平臺上，各界領袖面對全球共同的挑戰，傾力打造共同命運，既抓住了解決問題的「牛鼻子」，更是順應了時代的迫切要求。正如中國國家主席習近平在世界經濟論壇二〇一七年年會開幕式上的主旨演講上所指出的，「只要我們牢固樹立人類命運共同體意識，攜手努力、共同擔當，同舟共濟、共渡難關，就一定能夠讓世界更美好、讓人民更幸福」。這是應對世界分化挑戰的中國智慧，也是中國與世界共處的行動指南。

第五節　中國方案引領全球化

以文明復興的邏輯超越現代化的競爭邏輯。十八大以來，以「一帶一路」和人類命運共同體思想為代表的一系列中國方案成為國際共識，對全球化走向起到塑造和引領作用。

「一帶一路」倡議提出以來，引發了國際社會廣泛反響，揭示了中國與世界關係的深刻變遷，展現了中國方案全球化的路徑。

一、傳中國經驗，造共榮之勢

「中國應當對於人類有較大貢獻。」今天的中國，正通過「一帶一路」，在實現毛澤東同志於新中國成立之初提出的這一願望。

「一帶一路」鮮明地體現在傳播改革開放經驗、工業化經驗、脫貧致富經驗，減少沿線國家學習成本，鼓勵它們走符合自身國情的發展道路，甚至實現彎道超車和跨越式發展。

其一是改革開放經驗：以開放促改革，以改革促開放。

「一帶一路」將中國改革開放的邏輯從「中國向世界（主要是發達世界）開放」到「世界（尤其是沿線國家）向中國開放」轉變，推動了世界的開放，尤其是南方國家之間的相互開放。

「一帶一路」正力促沿線國家改革和倒逼國際體系變革。一些非洲國家領導人來中國體驗高鐵後，回國後加緊改革步伐。據報導，肯亞總統肯雅塔一度每三個月就要到蒙內鐵路和蒙巴薩港建設工地去視察一次。在國際層面，正如亞投行效應所顯示的，亞洲開發銀行、世界銀行都因為亞投行「高效、綠色、廉潔」高標準，也不得不做出改革，國際

金融體系因為人民幣國際化而悄然變革。「一帶一路」正在打造「開放、包容、均衡、普惠」的合作架構，推動全球體系改革。

其二是工業化經驗：基礎設施先行，惠及民生。

二〇一〇年，中國在加入世界貿易組織（WTO）九年後超過美國成為第一大工業製造國，現今的工業產值是美國的百分之一五〇，是美日德總和。這是中國搞「一帶一路」的底氣。

基礎設施＋民生工程＋教育，這是中國工業化經驗的濃縮。在基礎設施領域，中國具有建造、運行、管理全套優勢。中國通過「一帶一路」正在非洲推行「三網一化」戰略——高速公路網、高速鐵路網、區域航空網及基礎設施工業化，推廣民生工程和教育培訓，讓非洲擺脫貧困惡性循環的局面，讓非洲市場以點帶線，以線帶片，從基礎設施互聯互通著手，獲得內生式發展動力，形成經濟發展帶，實現工業化和農業現代化，進而推動政治和社會的全面進步。中巴經濟走廊更是六大經濟走廊旗艦工程，說明巴基斯坦補上基礎設施短板，推行工業化，實現經濟起飛，最終成為中等強國。

其三是脫貧致富經驗。

中國總結了豐富的脫貧致富經驗，日益流行於世。「再窮不能窮教育」，中國注重義務教育和培訓，阻止貧困的惡性循環。中國因此創造了改革開放四十年使七億人脫貧致富的奇蹟，為世界脫貧貢獻率超過七成。精準扶貧、開發性扶貧、扶貧與脫貧的結合，這些經驗對世界具有廣泛借鑑意義。習近平總書記的《擺脫貧困》一書的英法文版，已在非盟總部發布，預計會掀起繼《習近平談治國理政》外文版發布之後非洲學習中國經驗的新高潮。

二、舉中國方案，踐大道之行

「形而上者謂之道，形而下者謂之器，化而裁之謂之變，推而行之謂之通，舉而措之，天下之民謂之事業。」《周易》〈繫辭上〉這句話，是對「一帶一路」事業的很好闡述。「一帶一路」成為全球化、全球治理和國家治理的中國方案。

「一帶一路」著眼於歐亞地區的互聯互通，著眼於陸海聯通，是對傳統新自由主義主導的全球化的揚棄。

「一帶一路」正給全球化提供更強勁動力，並推動改革傳統全球化，朝開放、包容、均衡、普惠方向發展。「一帶一路」的特點是實體經濟全球化，路徑是發展導向的全球化，方向是包容性全球化，目標是共享型全球化。

「一帶一路」是改善全球治理的新抓手，是實現世界經濟再平衡的良方。它體現了中國理念：共商、共建、共享。首先，中國倡導「共商」，即在整個「一帶一路」建設中充分尊重沿線國家對各自參與合作事項的發言權，妥善處理各國利益關係，打造利益共同體。其次，中國倡導「共建」，共擔責任和風險，塑造責任共同體。只有做到了前面兩點，才能保證「一帶一路」建設的成果能夠被參與各國所共享，建設命運共同體。

通過倡導基礎設施的互聯互通，「一帶一路」正在治療新自由主義全球化頑疾，引導熱錢流向實體經濟，正在消除全球金融危機之源，實現全球金融治理。通過以發展促安全，以安全保發展，強調綜合安全、共同安全、合作安全、可持續安全觀，推進全球安全治理。

「窮則變，變則通，通則久。」《周易》〈繫辭下〉這句話表明，通是可持續發展及可持續安全的關鍵。阿富汗就是典型例子。阿富汗政府認為，「一帶一路」給該國實現和平與發展帶來福音，希望將地緣戰略

優勢轉化為實際經濟利益，提出以光纜、交通、能源「三通」促「五通」，體現阿富汗在歐亞大陸互聯互通中的地區中心作用，不僅使阿從「陸鎖國」變為「陸聯國」，更使其扮演連接中國與中亞、南亞、中東、非洲，中亞與南亞及印度洋的「五方通衢」角色。為此，中阿雙方正探索「中巴經濟走廊」向阿延伸的可行性。

「一帶一路」倡議及人類命運共同體思想正式寫入聯合國安理會涉阿決議，這足以表明，「一帶一路」倡議包含的統籌協調、標本兼治的東方智慧，是解決阿富汗治理困境的希望，旨在以「五通」、地緣經濟乃至地緣文明消除近代以來阿富汗作為「地緣政治角鬥場」的魔咒、打破貧困與暴力惡性循環，並將為全球與區域治理樹立典範。這展現出「一帶一路」倡議的文明性、和平性、包容性。

三、中國特色與世界意義

「一帶一路」是既有中國文化又有中國特色的發展模式，其中國特色越來越對別的國家產生吸引力，具有國際意義、世界意義。「一帶一路」最重要的意義就是鼓勵各個國家走符合自身國情的發展道路。

無論從頂層設計還是具體實踐看，中國革命、建設、改革各個階段都產生了一系列中國特色的做法、經驗與模式，為「一帶一路」建設提供了豐富的營養。尤其是，漸進式改革、從沿海到內地的有序開放，通過產業園區、經濟走廊等試點，然後總結推廣，形成以點帶面、以線帶帶的局面，最終以中國國內市場一體化為依託，輻射周邊，形成歐亞大陸一體化新格局。

過去，中國對外援助不附加政治條件，減少了發展中國家對西方的援助依賴；現在，中國投資模式又區別於西方模式，正在補發展中國家經濟發展的短板。比如，像烏茲別克斯坦這樣位於內陸又欠發達的國

家，按所謂市場經濟標準來衡量，是很難獲得國際金融機構貸款的，但其獲得了中國國家開發銀行貸款，彰顯「政府＋市場」雙輪驅動的中國模式魅力。

「一帶一路」還體現了中國理念：共商、共建、共享。「一帶一路」以三大統籌——陸海統籌、內外統籌、政經統籌，實現內陸地區—沿海地區、國內外及政治—經濟發展的再平衡，改變了廣大發展中國家的二元經濟結構，通過共同打造綠色絲綢之路、健康絲綢之路、智力絲綢之路、和平絲綢之路，抓住發展這個最大公約數，不僅造福中國人民，更造福沿線各國人民。

「一帶一路」打造的包容性全球化，讓老百姓在其中有更多的參與感、獲得感和幸福感，可以說「一帶一路」倡議是老百姓版本的全球化，是「南方國家」的全球化，這與跨國公司或少數利益集團把世界變成投資場所的全球化有本質的不同。

四、中式全球化路徑

「一帶一路」肩負推動人類文明大回歸的歷史使命，推動歐亞大陸回歸人類文明中心，改變邊緣型國家崛起的近代化邏輯，將人類四大文明——埃及文明、巴比倫文明、印度文明、中華文明，串在一起，通過由鐵路、公路、航空、航海、油氣管道、輸電線路和通信網路組成的綜合性立體互聯互通，推動內陸文明、大河文明的復興，推動發展中國家脫貧致富，推動新興國家持續成功崛起。一句話，以文明復興的邏輯超越現代化的競爭邏輯。

從空間角度來講，「一帶一路」能很大程度上幫助內陸國家尋找出海口，實現陸海聯通，比如歐洲有「三河」（易伯河、多瑙河、奧得河）通「三海」（波羅的海、亞得里亞海、黑海）的千年夢想。「一帶一路」

啟動了這一夢想，助推歐洲互聯互通，形成中歐陸海快線、三海港區的大項目。還可實現規模效應，能夠把小國連通在一起，建立大市場，尤其把內陸和海洋連在一起，實現陸海聯通。這是「一帶一路」受歡迎的重要原因。

「一帶一路」開創以文明國為基本單元的文明秩序，超越近代以民族國家為基本單元的國際秩序，實現了國際政治從地緣政治、地緣經濟到地緣文明的跨越，從三個方面創新了文明的邏輯：一是以文明交流超越文明隔閡；二是以文明互鑑超越文明衝突；三是以文明進步超越文明優越感。

「一帶一路」是全方位對外開放的必然邏輯，也是文明復興的必然趨勢，還是包容性全球化的必然要求，標誌著中國從參與全球化到塑造全球化的態勢轉變。「一帶一路」讓世界分享中國發展經驗，打造中式全球化。

第六節　中國方案為世界發展提供新思路

　　中國特色社會主義新時代，也是中美深度合作的新時代。美國總統特朗普訪華期間，中美簽署商業合同和雙向投資協議總金額超過二千五百億美元。豐碩的商業成果中，既有貿易，也有投資；既有貨物，也有服務；既有商品，也有技術，涉及能源、環保、文化、醫藥、基礎設施等廣泛領域，涵蓋「一帶一路」、三方合作、產業基金等方面合作。這再次證明中美關係的活力和潛力，中美正開啟深度合作新時代。

　　中美作為世界前兩大經濟體和全球經濟增長引領者，加強宏觀經濟政策協調，推動兩國經貿關係健康穩定、動態平衡向前發展。

一、深度開放，經濟深度鉚合

　　改革開放後，最多時有四分之一「中國製造」出口到美國。儘管隨著中國在全球價值鏈中地位不斷攀升，中美經濟關係競爭性一面在上升，但互補性仍然很強。十九大報告提出將「推動形成全面開放新格局，實施高水準的貿易和投資自由化、便利化政策」。這為拓展中美兩國經貿合作，促進中美經貿關係進一步朝著動態平衡、互利雙贏的方向健康發展，開啟了廣闊的空間。尤其是，中方按照自己擴大開放的時間表和路線圖，將大幅度放寬金融業，包括銀行業、證券基金業和保險業的市場準入，並逐步適當降低汽車關稅，給中美金融合作打開大門。為擴大貿易和投資合作，拓展在能源、基礎設施建設、「一帶一路」建設等領域務實合作，推動在放寬出口限制、擴大市場準入、營造更好營商

環境等方面雙向取得更多進展，中美正制訂和啟動下一階段經貿合作計劃，積極拓展兩國的務實合作，推動中美經貿合作向更大規模、更高水準、更寬領域邁進。

二、深度調適，政策深度對接

中美外交安全對話、全面經濟對話、社會和人文對話、執法及網路安全對話四個高級別對話機制，引領中美政策共振。訪華期間特朗普表示：「我們知道，美國的確有必要修改政策，因為它在與中國，坦率地講，還有其他許多國家的貿易中掉隊了。」這是中美政策相互深度調適的鮮活記錄。中美作為世界前兩大經濟體和全球經濟增長引領者，加強宏觀經濟政策協調，能推動兩國經貿關係健康穩定、動態平衡向前發展。中美元首會晤期間，中美雙方願進一步加強宏觀經濟政策包括財政、貨幣和匯率政策的協調，並就各自結構性改革和全球經濟治理有關問題保持溝通與協調。雙方要加強在國際貨幣基金組織、世界銀行、二十國集團、亞太經合組織等多邊機制中的協調和合作，合力推動世界經濟強勁、可持續、平衡、包容增長，這給世界經濟帶來福音。

三、深度競合，中美戰略求同存異

中美戰略求同存異。特朗普訪華期間，中美雙方同意致力於維護國際核不擴散體系，重申致力於實現全面、可核查、不可逆的半島無核化目標，不承認朝鮮擁核國地位。雙方強調通過對話談判最終解決半島核問題上有共同目標，並致力於維護半島和平穩定。這表明，中美在亞太的共同利益遠大於分歧，雙方要在亞太地區開展積極合作，讓越來越多地區國家加入中美兩國的共同朋友圈，一道為促進亞太和平、穩定、繁

榮做出貢獻。

十九大報告指出,「中國積極發展全球夥伴關係,擴大同各國的利益交會點,推進大國協調和合作,構建總體穩定、均衡發展的大國關係框架」,中美新型大國關係的建設,就是大國協調和合作的關鍵。作為最大的發展中國家和最大的發達國家,中美經濟互補性遠大於競爭性。中美經貿合作空間巨大,中美政策協調、戰略對接的空間也很大。

一個健康穩定發展的中美關係不僅符合兩國人民根本利益,也是國際社會的共同期待。對中美兩國來說,合作是唯一的正確選擇,共贏才能通向更好的未來。

第七節　中國模式既發展中國又造福世界

儘管鄧小平同志在改革開放之初就提出過「中國有中國自己的模式」，但關於中國模式的話語權一直沒有掌握在中國人自己手裡。「北京共識」於二〇〇四年由美國人雷默提出，就是一個證明。國內外一些人甚至長期漠視、否認中國模式的存在。目前這種狀況正在悄然改變。道路自信、理論自信、制度自信和中國道路、中國精神、中國力量等理念和範疇的提出，使中國模式的面貌不斷明晰，更加具有中國風格和中國氣派。中國模式既屬於中國又屬於世界，既發展中國又造福世界。

一、理解中國模式的幾個維度

理解中國模式，可以結合新中國成立以來的社會主義實踐、鴉片戰爭以來中國對獨立自主現代化道路的探索、中華民族五千年的文明史，從經濟發展、國家治理和文明復興等維度來進行。

經濟發展模式。列寧以及蘇聯對於如何跨越「資本主義卡夫丁峽谷」、如何在落後國家取得社會主義革命成功、如何建設社會主義等問題進行過探索。但隨著蘇聯解體，這種探索最終並沒有取得成功。社會主義模式能否走通，世界在看中國。經歷近代洋務運動、維新變法等實踐，經過幾代領導人帶領中國共產黨和中國人民不懈努力，中國不僅解決了在半殖民地半封建社會如何建立和發展社會主義的歷史難題，而且走出了古老文明實現趕超和復興的人類文明發展新路。特別是改革開放四十年來，中國經濟實現年均近百分之十的增長，總量躍居世界第二，

創造了人類發展史上的奇蹟。國際金融危機後，中國經濟率先企穩向好，這與大多數西方國家仍在困境中掙扎形成鮮明對比。二〇一二年西班牙前首相費利佩·岡薩雷斯在西班牙《國家報》上撰文說：「每一次訪問中國，無論時隔多久，反映世界新局勢的歷史現象都會令人感到驚訝：中國以異乎尋常的速度崛起，而歐洲人在掙扎著不要沉沒」，「我們不知道如何阻止這一進程，更不用說逆轉了」。一些西方知名學者認為，中國正在跨過所謂「中等收入陷阱」、邁入中等發達國家行列，這是亞洲「四小龍」後唯一成功的案例，正在激勵更多新興國家實現趕超。

從經濟發展層面可將中國模式內涵概括為「五個統一」：看得見的手與看不見的手有機統一，在公有制為主體、多種所有制經濟共同發展的基本制度下，讓市場在資源配置中發揮決定性作用，同時更好發揮市場作用；效率與公平有機統一，效率體現於市場配置資源的即時性、有效性，而公平不僅是起點公平、過程公平，還強調結果公平，尤其是實現共同富裕；改革與開放有機統一，通過改革促開放、通過開放促改革，既對世界開放也促進世界對中國開放，既改革自身也促進國際體系改革；快速發展與可持續發展有機統一，強調快速發展絕不能犧牲可持續發展，可持續發展也不能不要適當的發展速度；短期目標與長期目標、局部目標與全域目標有機統一，在全國層面實行「五年規劃」與「三步走」相結合，在各地區和各行業主張目標與手段的差異性、靈活性，達到總體穩定而局部靈活。

國家治理模式。法國啟蒙運動領袖伏爾泰曾將中國描繪為「世界上治理得最好和最智慧的國家」，這大概是從國家治理層面對中國模式的最早肯定。近年來，一些西方有識之士開始拋開意識形態偏見，客觀看待中國治理模式，肯定中國的治理水準和治理成效。《紐約時報》專欄作家弗裡德曼在文章中指出：「當現實有需要的時候，中國領導人可以

修訂法律法規、制定新的標準，改進基礎設施，促進國家的長期戰略發展。這些議題在西方國家的討論和執行，需要花幾年甚至幾十年的時間。」弗里德曼的這段文字，從高效角度對中國國家治理模式進行了肯定。

從國家治理層面可將中國模式內涵概括為「四個統一」：民主與集中有機統一，各地區、各部門適度分權，發揚民主和調動積極性，但全域和整體上適度集中權力，確保整體、長遠和根本利益；分與合有機統一，在社會治理各領域按照不同問題性質和規律，實施分工協作，既強調擔當精神又強調集體領導；摸著石頭過河與頂層設計有機統一，通過試點、推廣，總結經驗，形成若干小模式，最終推動頂層設計，成就大模式，並通過進一步實踐核對總和完善已有模式、創造新模式；循序漸進與跨越式發展有機統一，簡政放權、基層民主、法制建設等都強調循序漸進，同時鼓勵大膽地試、大膽地闖，敢於並善於打破常規，實現跨越式發展。

文明復興模式。美籍日裔學者福山在《現代政治秩序的起源》一書中指出，中國是世界上第一個現代國家，這就是秦漢時期就實現平民（劉邦）登上皇位的政治輪換，而迄今歐美沒有出現一位草根國王。因此，必須從上下五千年來理解中國模式的文化根基與民族底蘊。中華文明復興是復興、轉型與創新的三位一體，即實現中華文明從傳統農耕文明向工業（資訊）文明轉型、從內陸文明向海洋文明轉型、從地域性文明向全球性文明轉型。當然，文明轉型並非否定傳統文明特質，而是中國身分的升級換代。這種轉型不是告別、否定過去，而是在繼承與創新傳統文明。這就是文明復興模式的時代內涵。

從文明復興層面可將中國模式內涵概括為「四個統一」：傳承與復興有機統一，作為文明國家，中國的發展模式、治理模式也是文明復興模式，是文明傳承與復興的統一；開放與包容有機統一，中國模式是開

放模式，中國開放是全方位開放，中國模式是在吸收借鑑人類優秀文明成果基礎上的產物；轉型與創新有機統一，既實現古老文明轉型，又創新發展傳統文明，不斷釋放文明活力；追趕與超越有機統一，中華文明不以追趕西方文明為目標，而以創新人類文明為己任，它既超越中國中心論，又超越西方中心論。

二、中國模式的世界性意義

中國模式不僅具有鮮明的中國特色，而且在發展和完善過程中越來越呈現出世界性意義。

還原世界多樣性。中國模式作為一種發展模式和文明復興模式，正在還原發展模式多樣性、文明與文化多樣性。中國模式對人類發展模式的豐富，得到眾多西方有識之士的認可。針對「全球化就是美國化」的說法，一些歐洲友人表示，幸虧有歐盟模式和中國模式，否則這個世界真的太美國化了，因為其他國家模式要麼太局限於該國或該地區，要麼不算成功，能夠產生世界效應的發展模式唯中歐而已。就這樣，和歐盟模式等一道，中國模式正在還原世界多樣性。

啟迪西方發展模式。國際金融危機爆發後，中國模式再度成為全球熱議的話題。西方政界、學界、媒體開始認真討論中國模式，開始自問中國為何「一枝獨秀」。德國前總理施密特表示，中國的持續成功發展不僅解決中國問題，也為西方走出困境提供啟示。中國模式也是對五百年來西方中心論的揚棄。英國歷史學家湯因比在《歷史研究》一書中寫道，「將來統一世界的，大概不是西歐國家，也不是西歐化的國家，而是中國。並且正因中國有擔任這樣的未來政治任務的徵兆，所以今天中國在世界上才有令人驚嘆的威望」。

激勵發展中國家趕超。中國模式不僅體現中國成功推進現代化的自

信與自覺，而且正激勵越來越多發展中國家告別唯西方馬首是瞻的迷思，走符合自身國情的發展道路，最終實現現代化。以色列總統佩雷斯說，中國從貧窮到自立、從貧窮到繁榮，實現著中國夢，走出了中國路。中國獨特的發展模式對解決中東地區的貧窮、失業、教育和科技落後等許多問題都有著積極啟示、激勵作用。近來，一些人唱衰金磚國家，中國模式又無形中承載著證明新興國家發展模式合理性的時代重任。

當局者迷，旁觀者清。當一些國內人士還在為「西方月亮」大唱讚歌時，一些西方有識之士已在深刻反思自身，並對中國寄予厚望。這種現象值得注意。近半個世紀前，毛澤東同志在《紀念孫中山先生》一文中指出，「中國應當對於人類有較大的貢獻」。從今天的現實來看，中國模式就是這種貢獻的重要內容，也是我們增強軟實力基礎。儘管中國主觀上不輸出自己的發展模式，但客觀上必須認識到中國模式不僅是我們發展自身的成功路徑，而且對地區治理和全球治理產生著越來越深刻的影響。概言之，中國模式既發展中國又造福世界。這是我們從實踐中得出的結論。

第八節　新時代中國外交突顯影響力感召力塑造力

黨的十八大以來，中國特色大國外交全面推進，為中國發展營造了良好外部條件。中國國際影響力、感召力、塑造力進一步提高，為世界和平與發展做出新的重大貢獻。

一、影響力

影響力，來源於中國特色大國外交全方位、多層次、立體化的外交布局。中國與多國發展戰略順利對接，基礎設施互聯互通水準快速提升。中國還積極發展全球夥伴關係，通過一系列主場外交，積極參與和引領全球治理進程，為改革完善全球治理體系、推動建立更加公正合理的國際秩序提出中國方案、貢獻中國智慧，國際影響力大幅提升。

中國對世界的影響，說到底，來源於自身的發展變化。中國國內生產總值穩居世界第二，對世界經濟增長的貢獻率已超百分之三十。中國歷經幾十年的發展，財富、資金、經驗和技術等方面都有了巨大的積累，綜合實力為中國在世界上發揮建設性作用提供了堅實的基礎。

二、感召力

感召力，折射出國際社會對中國倡議、中國理念、中國方案的廣泛認同。在西方民粹主義、保護主義、逆全球化思潮上升的背景下，習近平主席在達沃斯論壇上發表重要演講，深刻闡述了中國堅定支持經濟全

球化、維護自由貿易的主張，贏得國際社會廣泛認同。中國順應並引領和平、發展、合作、共贏的時代潮流，提出構建新型國際關係、打造人類命運共同體等重要理念，推動經濟全球化朝著更加開放、包容、普惠、平衡、共贏的方向發展，為人類破解和平赤字、發展赤字、治理赤字等難題指明了方向和路徑。中國提出的「一帶一路」、人類命運共同體、共商共建共享原則等倡議和理念寫進聯合國決議，是中國國際感召力的現實寫照。

三、塑造力

塑造力，反映出中國對國際環境、國際格局、國際秩序的影響力不斷提升。中國越發展，給世界帶來的機遇和做出的貢獻就越大。中國繼承並創新了國際合作機制，創造性打造「金磚＋」機制、中國—中東歐（16＋1）合作平臺。「一帶一路」倡議，使得中國在塑造國際環境、國際格局、國際秩序方面贏得空前威望。中國牽頭成立亞洲基礎設施投資銀行，順應了世界經濟格局演變的趨勢，有助於推動全球經濟治理體系朝著更加公正合理有效的方向發展。

黨的十九大之後，中國外交在短時間裡即呈現新的發展態勢，中國風格、中國特色和中國氣派更加鮮明。

國際影響力、感召力、塑造力的提高，是中國特色社會主義進入新時代的鮮明寫照。正如黨的十九大報告所指出的，世界命運握在各國人民手中，人類前途繫於各國人民的抉擇。中國人民願同各國人民一道，推動人類命運共同體建設，共同創造人類的美好未來！

第九節　汲五千年智慧　成偉大復興之勢

自「一帶一路」倡議提出以來，已經取得了豐碩的成果：一百多個國家和國際組織已經參與其中，與沿線國家的對接進展順利，一大批基礎設施建設項目進入實施階段，甚至「一帶一路」作為實現共同發展的重要理念已經被寫入聯合國決議。「一帶一路」不僅是一個發展倡議，更是實現歐、亞、非文明共同復興的重要思想理念，其重要目標——實現「人類命運共同體」，為人類尋找到最大公約數。習近平總書記是這一偉大倡議的締造者，他在國內外各個場合，尤其是遍布五大洲四大洋的出訪，不斷深入、系統闡述了「一帶一路」倡議，充分展示了五千年中華文明的深厚底蘊和四十年改革開放的世界魅力，開五百年未有之變局，成中華民族偉大復興之勢。

一、中國全方位開放格局的形成

「一帶一路」倡議的實施必須有堅實的國內基礎。中國改革開放所展示的魅力正激勵廣大發展中國家通過參與「一帶一路」建設來分享中國改革開放經驗。中國倡導的全方位開放格局，既包括在國內構建開放型經濟體系，又包括區域經濟一體化與開放的區域主義架構，正在引發廣泛的國際共鳴。

首先，全面推進新一輪對外開放和構建開放型經濟體系為「一帶一路」提供了必要的內部動力。習近平主席二〇一四年在亞太經合組織工商領導人峰會開幕式上的演講中提出，高水準對外開放是全面深化改革

的著力點，為中國全面深化改革開放探索新途徑、積累新經驗。針對中國構建開放型經濟體系的問題，習近平主席在和平共處五項原則發表六十週年紀念大會上的講話中提出，需要「全面推進新一輪對外開放，發展開放型經濟體系，為亞洲和世界發展帶來新的機遇和空間」。總之，應對中國經濟新常態需要國內改革的深化，深化國內改革需要高水準的對外開放，而高水準的對外開放離不開以「一帶一路」為代表的國際合作計劃。

其次，加快實施自由貿易區戰略是中國全方位開放格局的重要內容。習近平主席在博鰲亞洲論壇二〇一五年年會上的演講中指出，中國一向是區域合作的受益者，更是區域合作的積極倡導者和推進者，因而「逐步構築起立足周邊、輻射『一帶一路』、面向全球的自由貿易區網路」是中國適應經濟全球化新趨勢的客觀要求，也是構建開放型經濟新體制的理性選擇，更是中國盤活現有對外關係格局、實現對外戰略目標的重要經濟手段。此外，針對自由貿易區普遍呈現的排他性特徵，習近平主席強調中國同「一帶一路」沿線國家之間構建的高標準自由貿易區都具有高度的開放性，需要積極融入全球自由貿易區網路。

再次，推動構建開放的地區主義是發展全方位開放格局的應有之義。立足於本國的開放型經濟體系要求亞太各國之間打破藩籬，推動地區經濟一體化安排的構建，並在此基礎上實施開放的區域主義。習近平主席強調「『一帶一路』建設秉持的是共商、共建、共享原則，不是封閉的，而是開放包容的；不是中國一家的獨奏，而是沿線國家的合唱」，而「開放包容、聯合自強，是亞洲國家實現發展繁榮和民族振興的成功經驗，也是今後實現更大發展的必由之路」，應該「推動建設開放型經濟新體制和區域合作構架，讓亞太的大門始終向全世界敞開」。此外，中國在「一帶一路」建設中並非是扮演為沿線國家設計發展方案的救世主角色，而是推動沿線國家實現發展戰略相互對接、優勢互補。

歸結到底，中國致力於通過「一帶一路」推動建立一個在開放中融合的利益共同體，使亞太地區經濟實現在開放中融合、在融合中發展。

中國領導人提出的深化改革、全面構建開放型經濟格局的構想為「一帶一路」偉大倡議奠定了堅實的基礎，包括全面推進新一輪對外開放、加快實施自由貿易區戰略和攜手打造開放型世界經濟格局的政策規劃。習近平主席在達沃斯論壇的講話，有效回應了國際社會對特朗普上臺後的逆全球化擔憂，給全球化帶來了福音。基於開放、包容與合作的理念，「一帶一路」才能立足於實現共同發展的願景，展示中國的大國擔當。

二、實現共同發展的大國擔當

長期以來，中國講求「獨善其身」，作為發展中國家，中國做好自己的事就是對國際社會的最大貢獻。當代中國依舊是發展中國家，但已是新興發展中大國。「達則兼濟天下」的道德訴求在當代中國實踐中，就表現為實現共同發展的大國擔當，這是「一帶一路」倡議的立足點。

首先，「一帶一路」立足於沿線各國共同的發展訴求與中國發展經驗的世界分享。「一帶一路」是中國提出的發展導向的全球化，最能撥動沿線國家的心弦，喚醒了絲路輝煌的共同歷史記憶。他們與中國的關係正如改革開放初期我們與西方發達國家的關係一樣：他們需要中國的資金、技術，我們需要他們的市場。他們現在面臨的發展難題，即如何在可持續發展的基礎上實現國家現代化與百姓富足安康，正是我們所遇到的，因而對中國探索出來的脫貧致富經驗十分感興趣，同中國存在廣闊的合作空間。以基礎設施、民生工程為前提的發展方式是中國依據自身國情摸索出的有效經驗，同樣可以為面臨基礎設施薄弱困境的發展中國家和基礎設施陳舊老化的發達國家所採用。

志合者，不以山海為遠。發展目標相似、發展使命相通、發展利益相容，因而借助「一帶一路」這條紐帶可以使各國各取所需、互利共贏，更加緊密地聯繫在一起。這就是習近平主席提出「一帶一路」合作倡議的基本國際背景。習近平主席二〇一三年在哈薩克的演講中指出，「我們的戰略目標是一致的，那就是確保經濟長期穩定發展，實現國家繁榮富強和民族振興」，而「為了使歐亞各國經濟聯繫更加緊密、相互合作更加深入、發展空間更加廣闊，我們可以用創新的合作模式，共同建設『絲綢之路經濟帶』，以點帶面，從線到片，逐步形成區域大合作」。十月，習近平主席在印尼國會演講時則將這一提議擴展到「海上絲綢之路」沿線國家，提出各國「在國家發展進程中有相似目標，在維護本地區繁榮穩定方面有廣泛共同利益，在國際事務中有許多共同語言」，中國和東盟國家應「發展好海洋合作夥伴關係，共同建設二十一世紀『海上絲綢之路』」。習近平主席在二〇一六年二十國集團工商峰會開幕式上的主旨演講中再次強調：「我提出『一帶一路』倡議，旨在同沿線各國分享中國發展機遇，實現共同繁榮。」

其次，「一帶一路」立足於「共商、共建、共享」的理念，超越了近代以來西方殖民主義、帝國主義、霸權主義以我為主、搞零和博弈、弱肉強食的那套，為「一帶一路」沿線人民提供相互尊重、平等合作、相互包容的合作模式。「一帶一路」追求的是百花齊放的大利，不是一枝獨秀的小利。習近平主席在中阿合作論壇第六屆部長級會議開幕式上的講話中指出，共同發展意味著「我們既要讓自己過得好，也要讓別人過得好」，中國是發展中國家一員，因此中國的發展機遇將同發展中國家共享。習近平主席二〇一五年在新加坡國立大學的演講中提出，「一帶一路」是「發展的倡議、合作的倡議、開放的倡議，強調的是共商、共建、共享的平等互利方式」。

「共商、共建、共享」並非空洞的政策口號，其具體體現為促進成

員國經濟發展戰略的相互對接，鼓勵雙方充分發揮各自的比較優勢。「共商」，意味著「一帶一路」規劃的任何專案不能由某一個國家說了算，而是多徵求沿線各國的意見，確保「一帶一路」建設能夠兼顧各方的利益訴求，體現各方的共同意志。「共建」，意味著「一帶一路」規劃的任何專案並非大國對小國、強國對弱國的施捨與援助，而是在充分發揮「一帶一路」沿線各國比較優勢的基礎上，合理分工、共同建設，使各國原有的經濟發展戰略融合為一體，達到「一加一大於二」的整體合力。「共享」，意味著「一帶一路」所規劃的專案中建設的成果不是為某一國所佔有，而是相對均等地分配給沿線各國，實現利益共通和命運共通，這也是實現共同發展的訴求。

再次，「一帶一路」立足於同心協力、互助合作的發展環境，為發展中國家提供發展「便車」是中國的擔當。中國所強調的發展是共同發展，因此「搭便車」不是壞事。大國與小國之間、強國與弱國之間並不是「大吃小」的關係。在當代深度全球化、互利共生的國際體系環境中，中國主張應在國際關係中堅持正確的義利觀，只有以「義」為前提進行求利，方才是符合正確義利觀的訴求，因此大國應該提供「搭便車」的機遇，甚至主動鼓勵發展中國家搭共同發展的便車，這也是一個大國應有的風度。

二〇一四年八月，習近平主席在蒙古大呼拉爾的演講中提到，中國非常樂意為周邊國家提供發展機遇，而且「歡迎大家搭乘中國發展的列車，搭快車也好，搭便車也好，我們都歡迎」。習近平總書記在政治局第三十一次集體學習時強調，我們需要紮紮實實做好各項工作，使沿線各國人民實實在在感受到「一帶一路」給他們帶來的好處。

總之，「一帶一路」倡議的立足點是共同發展的大國擔當，這一擔當具體體現為「一帶一路」沿線國家同中國有著共同的發展訴求，認同「共商、共建、共享」合作理念，以及中國夢與沿線各國夢「夢夢與共、天下大同」的宗旨。

第十節　中國發展回饋世界

習近平總書記在十九大報告中指出，中國特色社會主義進入新時代，意味著中國特色社會主義道路、理論、制度、文化不斷發展，拓展了發展中國家走向現代化的途徑，給世界上那些既希望加快發展又希望保持自身獨立性的國家和民族提供了全新選擇，為解決人類問題貢獻了中國智慧和中國方案。

透過十九大報告，世界更加清晰地看到中國發展的藍圖，也更加迫切地期待分享中國發展的紅利。

中共領導力是世界之福，這是國際媒體的共同感慨。

一、推動全球化朝開放包容普惠平衡可持續方向發展

在中國共產黨領導下，全國人民一心一意謀發展，聚精會神搞建設，久久為功，步步為營，七億多人脫貧致富，對世界脫貧的貢獻率超過百分之七十以上。中國倡建亞洲基礎設施投資銀行，讓金融服務於實體經濟，消除資本全球化導致的熱錢氾濫，增強老百姓對全球化的參與感、獲得感、幸福感，因此獲得了包括西方發達國家在內的國際社會的積極回應和參與。反觀西方社會，民粹主義氾濫，根源就在新自由主義全球化造成的貧富差距和全球化動力不足。正是本著為世界人民謀福利的胸懷，中國提出共商共建共享的全球治理理念，並將其確立為「一帶一路」建設的原則，被寫進了聯合國決議。

二、以宏大政治氣魄增強世界的確定性

　　當今世界，改革是各種文明、各種發展模式適應和應對世界不確定性的不二選擇，區別在於真改革還是假改革，改得動還是改不動，願不願意改。意識到自己要改變，打著改革旗號上臺，在西方政壇已是政治時髦，然而真正能有中共壯士斷腕般反腐勇氣和全面深化改革執行力的，幾乎沒有。面對世界的不確定性，中國共產黨的長遠規劃力、引領力、執行力，可以助力世界走出危機，推動世界結構性改革。

三、建設新型國際關係和人類命運共同體

　　世界好，中國才能好；中國好，世界才更好。中國共產黨是為中國人民謀幸福的政黨，也是為人類進步事業而奮鬥的政黨。中國共產黨始終把為人類做出新的更大貢獻作為自己的使命。正是根據這一基本理念，十九大報告明確指出，中國特色大國外交，要推動建設「相互尊重，公平正義，合作共贏」新型國際關係，建設「持久和平、普遍安全、共同繁榮、開放包容、清潔美麗」的世界，推動構建人類命運共同體。這就超越了國別、黨派和制度，反映了大多數國家的普遍期待，符合國際社會的共同利益，使中國的外交政策和理念佔據了人類道義的制高點。

　　當然，中國的發展成就是學習借鑑人類一切優秀文明，弘揚中華文明兼收並蓄、融會貫通精神的結果，是改革開放的產物。中國共產黨領導力最根本的遵循，就是在領導中國實現傳統性與現代性完美結合的同時，還具有全球性眼光。世界幫助中國，中國回饋世界。中國共產黨不僅是為中國人民服務的政黨，也越來越為世界人民服務了。

第十一節　中國與世界共同邁向美好明天

　　中共十九大後，習近平主席在國際多邊舞臺發出中國聲音、提出中國方案，備受世界矚目。

　　習近平主席指出，中國的發展是一個歷史進程。在中國共產黨領導下，中國人民將開啟新征程。第一，這是全面深化改革、持續釋放發展活力的新征程。第二，這是與時俱進、創新發展方式的新征程。第三，這是進一步走向世界、發展更高層次開放型經濟的新征程。第四，這是以人民為中心、邁向美好生活的新征程。第五，這是推動構建新型國際關係、推動構建人類命運共同體的新征程。

　　習近平主席在重要講話中指出，我們要看到世界經濟正在發生深層次重大變化。亞太各方應該因勢利導，立足於行動，引領全球新一輪發展繁榮。

　　在引領新一輪發展繁榮的新征程中，中國與世界將共贏、共振、共鳴、共享。

一、共贏

　　過去幾年，中國經濟平均增長率為百分之七點二，對世界經濟增長的平均貢獻率超過百分之三十，成為世界經濟的主要動力源。在此基礎上，中國將繼續堅持建設開放型經濟，努力實現互利共贏。中國與亞太國家要努力打造平等協商、廣泛參與、普遍受益的區域合作框架，合力構建開放型亞太經濟，促進貿易和投資自由化便利化；引導經濟全球化

朝著更加開放、包容、普惠、平衡、共贏的方向發展，等等。

二、共振

中國加快構建開放型經濟新體制，轉變對外貿易和投資方式，繼續推動對外貿易由量的擴張轉向質的提升。與此同時，中國將繼續加強互聯互通，實現與世界的聯動發展：要以亞太經合組織互聯互通藍圖為指引，建立全方位、多層次、複合型的亞太互聯互通網路，充分發揮互聯互通對實體經濟的輻射和帶動作用，形成協調聯動發展的格局。中方提出共建「一帶一路」倡議的核心內涵，就是促進基礎設施建設和互聯互通，加強經濟政策協調和發展戰略對接，促進協同聯動發展，實現共同繁榮。

三、共鳴

中國正成為各種創新要素發揮集聚效應的廣闊平臺，不論基礎設施還是經濟業態，不論商業模式還是消費方式，都迸發出創新的澎湃動能。這種創新發展引發亞太地區和世界的廣泛共鳴。互信、包容、合作、共贏的夥伴關係，是亞太大家庭的精神紐帶，這與中國倡導的外交原則形成共鳴。

四、共享

中國國內的共享發展正延伸到中國與亞太地區及世界的共享發展。中國將堅持走和平發展道路，始終做世界和亞太地區的和平穩定之錨。中國將秉持正確義利觀，積極發展全球夥伴關係，擴大同各國的利益匯

合點，推動建設相互尊重、公平正義、合作共贏的新型國際關係。中國將秉持共商共建共享理念，積極參與全球治理體系改革和建設，推動國際政治經濟秩序朝著更加公正合理的方向發展。

　　亞太是全球經濟最大的板塊，也是世界經濟增長的一個主要引擎。唯有洞察世界經濟發展趨勢，才能找準方位，把握規律，果敢應對。在共贏、共振、共鳴、共享的新征程中，中國將與世界共同邁向美好明天。

第十二節　中國帶給世界自信和機遇

　　中國是一個唯一以人民命名的共和國，如今已把以人民為核心的發展理念變成了以人類發展為核心的理念。我們要從中華文明和人類文明的角度理解十九大報告。這是中共十九大釋放出的新資訊和對世界的影響。

一、中國特色具有世界性

　　十九大報告做出中國特色社會主義進入新時代的重大判斷。

　　過去我們講中國特色，一般是指特長歷史、特大規模、特殊形式的復興。我們還應看到，中華文明是一種包容性極強的文明，中國不僅把命運掌握在自己手裡，也鼓勵每個國家都把命運掌握在自己手裡；中國不僅要走符合自身國情的發展道路，也鼓勵各個國家走符合自身國情的發展道路。從這個角度來講，中國特色是具有世界性的，不是孤立的、例外的。

　　「社會主義」概念起源於西方，然而中國作為社會主義的實踐者，在發展過程中將其中國化，於是「社會主義」有了從一種思想發展成一種運動，再發展成一種制度、一種道路的過程，乃至今天已成為一種文明──中國特色社會主義。

　　目前中國正在進行各方面的轉型：以前中國是農耕文明、大陸文明和區域性文明。今天，無論是提出「一帶一路」倡議，還是「人類命運共同體」，中國正在從內陸文明走向海洋文明、從農耕文明走向工業和

資訊文明、從區域性文明走向全球性文明，這種轉型是前所未有的。

二、中國帶給世界自信

今天所說的中華民族的偉大復興，絕不是「回到漢唐」，因為復古解決不了今天中國面臨的問題，也不能應對世界挑戰，更無法與西方「接軌」。

中華民族的偉大復興，應該是復興、包容、創新的三位一體。合理地復興我們的原生文明，催生中華文明中海洋文明的種子而走向海洋；包容西方文明，塑造人類共同價值體系；創新人類文明，通過引領新一輪全球化以實現人類文明永續發展。

中國不僅有自己的道路自信、理論自信、制度自信、文化自信，也帶給世界多種自信。

首先是自主探索的自信。中國特色社會主義政治制度是中國共產黨和中國人民的偉大創造。在中國成功之前，西化幾乎是一些國家的唯一選擇，它們將華盛頓共識奉為圭臬，很少有國家相信自主探索發展道路能夠最終成功。當前，世界從中國身上看到，各國應走符合自身國情的發展道路。這還原了世界多樣性，樹立了人類政治文明的新自信。

其次是社會主義自信。中國特色社會主義進入新時代，意味著中國特色社會主義道路、理論、制度、文化不斷發展，拓展了發展中國家走向現代化的途徑，給世界上那些既希望加快發展又希望保持自身獨立性的國家和民族提供了全新選擇。

再次是全球化自信。十九大報告強調，各國人民要同舟共濟，促進貿易和投資自由化便利化，推動經濟全球化朝著更加開放、包容、普惠、平衡、共贏的方向發展。在「全球化」與「逆全球化」進程深度博弈的當下，「中國方案」將引領探索更加公平公正、包容普惠的全球化

新理念，開拓全球化新道路。

最後是全球治理自信。當今世界格局出現顯著變化，國際形勢客觀上需要中國在全球舞臺上更加積極作為。十九大報告明確強調要「堅持推動構建人類命運共同體」，「始終做世界和平的建設者、全球發展的貢獻者、國際秩序的維護者」。報告用「相互尊重，公平正義，合作共贏」三個關鍵字對新型國際關係做出界定，旨在推動各國擯棄傳統的以強凌弱的叢林法則，鞏固大小國家一律平等這一中國外交的優良傳統。

當這些自信轉化為行動自覺，將進一步推動人類命運共同體的構建，推動一個更加美好世界的形成。

三、為世界提供新機遇

英國廣播公司將中共十九大稱為「一次『站在世界地圖前』召開的大會」。的確，無論貧困落後時期，還是日益富強之後，中國一直為世界貢獻正能量，提供發展機遇。

首先中國更加開放將帶來全球化新紅利。世界上很少有哪個國家把「開放」作為國策寫進《憲法》和《黨章》，這說明開放式發展已進入了中國的血液。二〇一三年以來，中國經濟增長對世界經濟增長的貢獻超過美國、日本和歐盟的總和。十九大報告提出，未來十五年，中國市場將進一步擴大，發展將更加全面。

中國社會主要矛盾已經轉化為人民日益增長的美好生活需要和不平衡不充分的發展之間的矛盾。為滿足人民日益增長的美好生活需要，中國正由高速增長階段轉向高品質發展階段，端正發展觀念，轉變發展方式，發展品質和效益不斷提升，「這其中蘊含大量機遇」。

此外，「中國擔當」也將為世界帶來更多公共產品供給。「一帶一路」寫進黨章，預示著中國將為世界各國提供更多更好的公共產品，推

動新型全球化和全球治理。國際形勢客觀上也需要中國在全球舞臺上更加積極作為，提供公共產品。

第十三節　大國擔當展現光明未來

一、中國機遇期也是世界機遇期

　　習近平總書記在學習貫徹黨的十九大精神研討班開班式上發表重要講話，鮮明指出，當前，中國正處於一個大有可為的歷史機遇期。

　　中國共產黨不僅是為中國人民謀幸福、為中華民族謀復興的政黨，也是為人類的進步事業而奮鬥的政黨。中國機遇期，也是世界機遇期。

　　和平、發展、合作、共贏是時代的潮流，也是中國外交高舉的鮮明旗幟。中國的機遇期，通過和平、發展、合作、共贏的維度，轉化為世界機遇期。

　　和平的機遇期。和平是前提，沒有和平，發展、合作、共贏就變成空話；發展、合作、共贏也在捍衛和平、鞏固和平。中國推行獨立自主的和平外交政策，是派送聯合國維和部隊最多國家。中國力量是和平力量，中國機遇是和平機遇。對世界熱點問題，如巴以、阿巴、孟緬爭端，中國勸和促談，使之降溫、穩定。對世界不穩定根源「貧困」，對內，中國通過脫貧致富、精準扶貧和共同富裕，逐步予以消除，對外，中國歡迎各國搭乘中國快車。

　　發展的機遇期。發展是解決一切問題的總鑰匙。中國發展經過量的積累進入質的提升階段，已經由高速增長階段轉向高品質發展階段，中國巨輪正在駛出歷史的峽谷，進入「海闊憑魚躍」的寬廣水域，是世界發展的動力源和壓艙石。作為世界第二大經濟體，中國經濟增長對世界經濟增長的貢獻率超過美國、歐洲和日本的總和，科技進步對經濟增長

的貢獻率已經超過百分之五十六，消費對GDP增長的貢獻率突破六成……中國通過創新、協調、綠色、開放、共享的發展理念推動世界發輾轉型。

合作的機遇期。聯合國巴黎氣候變化協議、伊朗核問題達成協議等，都是中國倡導、力推並與世界合作推動實現的。中國倡導和推進「一帶一路」，讓昔日「流淌著牛奶和蜂蜜的地方」再次為沿線各國人民帶來福祉。「一帶一路」成為當今世界最大的合作平臺之一。中國倡導的相互尊重、公平正義、合作共贏的新型國際關係日益深入人心。

共贏的機遇期。從世界看，贏者通吃的競爭法則、零和博弈的思維導致「世界之亂」；合作共贏、改革開放的中國則呈現「中國之治」，兩者形成鮮明對比，全球的目光正在東移，中國的風景成為越來越多國家的憧憬。人類命運共同體將共贏的理念從國與國上升到地區與地區、人與自然等高度，被聯合國安理會、聯合國大會及聯合國專門機構寫進其決議，成為國際共識。

和平、發展、合作、共贏的時代潮流和戰略機遇，是通過改革開放來闡釋的。中國機遇期，也是世界的機遇期，也主要通過改革開放的路徑實現的。

改革的機遇。中國的改革推動世界的改革。從G20杭州峰會結構性改革的承諾，到中國共產黨與世界政黨高層對話會的改革信念，中國在世界上高舉改革的大旗，以自身改革推動各國的改革、國際體系的改革。向改革要活力，向改革要機遇，成為各執政黨和各國的共識。

開放的機遇。中國的開放推動世界的開放。在貿易、投資保護主義興起，反全球化思潮盛行的世界，中國高舉開放的大旗，促進貿易和投資自由化便利化，推動經濟全球化朝著更加開放、包容、普惠、平衡、共贏的方向發展。

中國特色社會主義進入新時代，拓展了發展中國家走向現代化的途

徑，給世界上那些既希望加快發展又希望保持自身獨立性的國家和民族提供了全新選擇，為解決人類問題貢獻了中國智慧和中國方案。

大有可為的機遇期，造福中國也造福世界。從增長貢獻、貿易貢獻，到減貧貢獻、綠色貢獻，再到發展經驗貢獻、社會治理經驗貢獻，今天的中國，已經成為世界經濟增長的主要動力源和穩定器，成為世界和平發展、人類文明進步的重要維護者和推動者。世界好，中國才能好；中國好，世界會更好。中國機遇期，也是世界的機遇期。

二、攜手開創人類更加光明的未來

中國國家主席習近平在聯合國日內瓦總部發表《共同構建人類命運共同體》的主旨演講，深入分析人類過去一百多年歷史的啟示，深刻、全面、系統闡述構建人類命運共同體理念，主張共同推進構建人類命運共同體偉大進程。從日內瓦萬國宮「共商共築人類命運共同體」高級別會議到北京「一帶一路」國際合作高峰論壇，再到中國共產黨與世界政黨高層對話會北京倡議，構建人類命運共同體這一飽含東方智慧與世界情懷的倡議，在國際社會得到越來越廣泛的支持和贊同。

在「世界怎麼了、我們怎麼辦」的困惑面前，構建人類命運共同體理念在全球範圍內形成強大感召力。

理念引領行動，方向決定出路。構建人類命運共同體理念在多個方面實現了對國際關係理論的超越。人類——超越狹隘的民族國家視角，主張樹立人類整體觀，將國家、民族、人類的發展緊密結合在一起，體現了天下情懷與全球視野；命運——超越消極意義上「人類只有一個地球、各國共處一個世界」的認同，形成積極意義上的「命運相連、休戚與共」，主張風雨同舟，榮辱與共，讓每個民族、每個國家的前途命運都緊緊聯繫在一起；共同體——著眼於人類文明永續發展，努力把我們

生於斯、長於斯的這個星球建成一個和睦的大家庭，把世界各國人民對美好生活的向往變成現實，開創天下為公、世界大同的人類新文明。可以說，構建人類命運共同體理念，濃縮著新時代中國領導人對世界的深邃思考，體現了中國這個大國、中國共產黨這個大黨的天下情懷和風範。

各國具有差異性，世界具有多樣性，但這些「不同」正是瞭解彼此的動力，不應成為衝突的原因。世界各國儘管有這樣那樣的分歧矛盾，但各國人民都生活在同一片藍天下、擁有同一個家園。構建人類命運共同體理念，主張各國人民秉持「天下一家」理念，張開懷抱，彼此理解，在物質、制度、精神等層面求同存異、聚同化異，成為「你中有我、我中有你」的命運共同體。

大道至簡，實幹為要。構建人類命運共同體，關鍵在行動。「一帶一路」倡議是踐行人類命運共同體理念的重要抓手。如果說構建人類命運共同體理念為解決人類問題貢獻了中國智慧，「一帶一路」則為解決人類問題貢獻了中國方案。目前，「一帶一路」建設橫向延伸至沿線各國，縱向貫穿社會各層面，成為廣受歡迎的重要國際合作平臺。截至二〇一七年底，中國已累計與八十六個國家和國際組織簽署了一百份合作檔，重點專案建設穩步推進。

十九大報告呼籲，各國人民同心協力，構建人類命運共同體，建設「持久和平、普遍安全、共同繁榮、開放包容、清潔美麗」的世界。構建人類命運共同體理念，在哲學層面上追求究天人之際、通古今之變，在現實中則著眼於應對當今世界面臨的共同挑戰，順應和平發展合作共贏的時代發展潮流，契合各國將命運掌握在自己手裡、走符合自身國情發展道路的普遍訴求，必將在實踐中產生強大凝聚力，使各國人民攜起手來，在和平與發展的馬拉松跑道上奮勇向前，建設一個更加美好的世界，開創人類更加光明的未來。

「一帶一路」恰如珍珠鏈，將散落的各國發展戰略對接，將各國夢想串聯，共同成就世界夢，建設人類命運共同體。

《大國擔當》問世，就是「一帶一路」精神的生動體現。將此主題的文章串在一起的設想，來自人民日報出版社彭國華副社長，於是，就有了這套叢書，有了《大國擔當》。

中國的大國擔當，是一個時代的命題。筆者的學術探索，就是圍繞時代命題展開的。趕上新時代，是學者的榮幸，是中國人的自豪。

謹以此書獻給新時代。

王義桅
二〇一八年春節於人大靜園

新社會主義研究叢刊　AA201015

大國擔當

作　　者　王義桅
版權策畫　李煥芹

發 行 人　林慶彰
總 經 理　梁錦興
總 編 輯　張晏瑞
編 輯 所　萬卷樓圖書股份有限公司
排　　版　菩薩蠻數位文化有限公司
印　　刷　百通科技股份有限公司
封面設計　菩薩蠻數位文化有限公司

出　　版　昌明文化有限公司
桃園市龜山區中原街 32 號
電話 (02)23216565
發　　行　萬卷樓圖書股份有限公司
臺北市羅斯福路二段 41 號 6 樓之 3
電話 (02)23216565
傳真 (02)23218698
電郵 SERVICE@WANJUAN.COM.TW
大陸經銷　廈門外圖臺灣書店有限公司
　　電郵 JKB188@188.COM

ISBN 978-986-496-542-7

2020 年 2 月初版
定價：新臺幣 380 元

如何購買本書：

1. 轉帳購書，請透過以下帳戶
　　合作金庫銀行　古亭分行
　　戶名：萬卷樓圖書股份有限公司
　　帳號：0877717092596
2. 網路購書，請透過萬卷樓網站
　　網址 WWW.WANJUAN.COM.TW
大量購書，請直接聯繫我們，將有專人為您
服務。客服：(02)23216565 分機 610

如有缺頁、破損或裝訂錯誤，請寄回更換
版權所有・翻印必究
Copyright©2020 by WanJuanLou Books CO., Ltd.
All Right Reserved　　　　Printed in Taiwan

國家圖書館出版品預行編目資料

大國擔當 / 王義桅著. -- 初版. -- 桃園市：
昌明文化出版；臺北市：萬卷樓發行,
2020.02
　　面；　　公分. -- (新社會主義研究叢刊；
AA201015)
ISBN 978-986-496-542-7(平裝)

1.國家發展 2.文集 3.中國
　　　571.107　　　　　　　　　109002146